AI 윤리에
대한
모든 것

AI ETHICS

by Mark Coeckelbergh

Copyright ⓒ 2020 by The Massachusetts Institute of Technology

AI 윤리에
대한
모든 것

마 크 코 켈 버 그 지 음 신 상 규 · 석 기 용 옮 김

아카넷

아르노에게

차례

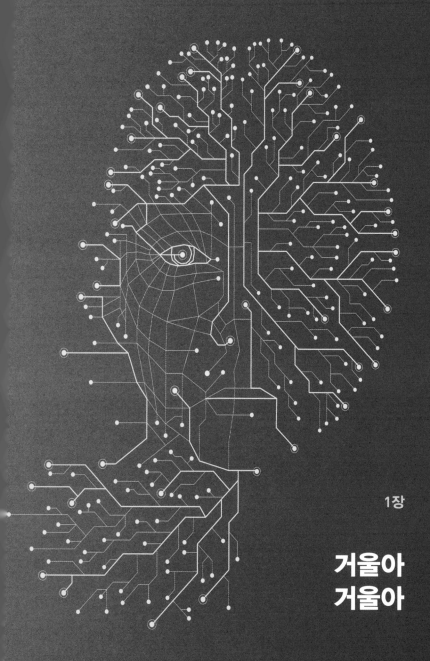

1장

**거울아
거울아**

인공지능에 대한 과장과 두려움
거울아, 거울아, 우리 중 누가 가장 똑똑할까?

결과가 발표되자 이세돌 9단의 눈시울이 붉어졌다. 구글 딥마인드에서 개발한 인공지능AI 알파고가 바둑 게임에서 4대 1로 승리했다. 때는 2016년 3월이다. 20년 전에는 체스 그랜드마스터 개리 카스파로프Garry Kasparov가 기계 딥블루에게 패했고, 이제는 직관과 전략적 사고를 통해 인간만 할 수 있다고 여겨지던 복잡한 게임에서 컴퓨터 프로그램이 열여덟 번 세계 챔피언을 지낸 이세돌 9단을 상대로 승리를 거둔 것이다. 컴퓨터는 프로그래머가 지정한 규칙을 따르는 것이 아니라, 수백만 번의 과거 바둑 대국을 기반으로 한 기계학습과 자신을 상대로 한 연습 경기를 통해 승리했다. 이 경우 프로그래머는 데이터 세트를 준비하고 알고리듬을 만들지만 프로그램이 어떤 수를 둘지 알 수 없다. AI는 스스로 학습한다. 이세돌 9단은 변칙적이고 기발한 수를 수없이 두면서 버텼으나 끝내 돌을 던져야 했다(Borowiec, 2016).

AI의 인상적인 성과였다. 하지만 우려도 제기되었다. AI가 둔 아름다운 수들에 감탄하면서도 다른 한편으로 슬픔, 심지어 두려움을 느낀다. 더 똑똑한 AI가 의료 서비스를 혁신하거나 각종 사회문제에 대한 해결책을 찾는 데 도움이 될 수 있다는 희망도 있지만, 기계가 모든 것을 대신하게 될 것이라는 우려도 있다. 기계가 지적으로 우리를 능가하고 통제할 수 있을까? AI는 여전히 단순한 도구에 불과할까, 아니면 느리지만 확실하게 우리의 주인이 되어 가고 있는 것일까?

이러한 두려움은 스탠리 큐브릭의 공상과학 영화〈2001: 스페이스 오디세이〉에서 "포드 베이의 문을 열라"라는 인간의 명령에 응답하는 AI 컴퓨터 HAL의 대사를 떠올리게 한다. "그럴 수 없어요, 데이브". 그리고 두려움까지는 아니더라도 슬픔이나 실망의 감정을 느낄 수는 있을 것이다. 다윈과 프로이트는 인간의 예외주의에 대한 우리의 믿음과 우월감, 통제에 대한 우리의 환상을 무너뜨렸지만, 오늘날 인공지능은 인류의 자아상에 또 다른 타격을 가하는 것 같다. 기계가 이런 일을 할 수 있다면 우리에게 남은 것은 무엇일까? 우리는 무엇인가? 우리는 그저 기계인가? 우리는 버그가 너무 많은 열등한 기계인가? 우리는 어떻게 될 것인가? 우리는 기계의 노예가 될까? 아니면 더 나쁘게 영화〈매트릭스〉에서처럼 단순한 에너지 자원으로 전락할까?

AI의 영향력

하지만 인공지능의 혁신은 게임이나 공상과학소설의 영역에만 국한되지 않는다. AI는 오늘날 이미 일어나고 있으며, 널리 퍼져 있다. 이는 종종 일상적인 도구와 복잡한 기술 시스템의 일부로 눈에 보이지 않게 내장되어 있다(Boddington, 2017). 컴퓨터 성능의 기하급수적인 성장, 소셜 미디어와 수십억 대의 스마트폰 사용으로 인한 (빅)데이터의 가용성, 빠른 모바일 네트워크를 고려할 때, AI 특히 기계학습은 상당한 진전을 이루었다. 그 덕분에 알고리듬은 계획, 음성, 얼굴 인식, 의사 결정 등 인간의 많은 활동을 대신할 수 있게 되었다. AI는 운송, 마케팅, 건강 관리, 금융과 보험, 보안과 군사, 과학, 교육, 사무와 개인 비서(Google Duplex[1] 등), 엔터테인먼트, 예술(음악 검색과 작곡 등), 농업, 제조업 등 다양한 분야에서 활용되고 있다.

AI는 IT와 인터넷 회사에서 만들고 사용한다. 예를 들어 구글은 검색 엔진에 항상 AI를 사용해 왔다. 페이스북은 표적 광고와 사진 태그 지정에 AI를 사용한다. 마이크로소프트와 애플은 디지털 비서를 구동하기 위해 AI를 사용한다. 그러나 AI의 적용 범위는 좁은 의미로 정의되는 IT 분야보다 더 넓다. 예를 들어 자율 주행 자동차에 대한 많은 구체적인 계획이나 실험이 있다. 이 기술 역시 AI를 기반으로 한다. 사람의 개입 없이 살상할 수 있는 자율 무기와 마찬가지로 드론도 AI를 사용한다. 그리고 AI는 이미 법원의 의사

인공지능은
오늘날 이미 일어나고 있으며,
널리 퍼져 있다.
이는 종종 일상적인 도구 속에
눈에 보이지 않게 내장되어 있다.

결정에 사용되고 있다. 예를 들어 미국에서는 재범 가능성이 큰 사람을 예측하는 데 콤파스COMPAS 시스템이 사용되었다. AI는 또한 우리가 일반적으로 더 개인적이거나 친밀하다고 생각하는 영역에도 진출하고 있다. 예를 들어 기계는 이제 사람의 얼굴을 판독하여 신원을 파악할 뿐만 아니라 감정을 읽고 모든 종류의 정보를 검색할 수 있다.

윤리적, 사회적 문제에 대한 논의를 위하여

AI는 많은 이점을 가질 수 있다. 이는 공공 서비스와 상업 서비스를 개선하는 데 사용될 수 있다. 예를 들어 이미지 인식은 암이나 알츠하이머 등과 같은 질병을 진단하는 데 도움이 될 수 있어 의학계에 희소식이다. 그러나 이러한 인공지능의 일상적인 적용은 또한 새로운 기술이 어떻게 윤리적 우려를 제기하는지 보여 준다. AI 윤리에서 다루는 몇 가지 질문의 예를 들어 보겠다.

자율 주행 자동차에 윤리적 제약이 내장되어 있어야 하는가? 만약 그렇다면 어떤 종류의 제약을 어떤 식으로 결정해야 하는가? 예를 들어 자율 주행차가 어린이를 들이받는 상황과 벽을 들이받아 어린이는 살리되 승객은 사망할 수 있는 상황 중 하나를 선택해야 하는 상황에 부닥쳤다면 어느 쪽을 선택해야 하는가? 그리고 자율 살상 무기는 허용되어야 할까? 우리는 얼마나 많은 결정을, 그리고 그런 결정에서 어느 정도까지를 AI에게 위임하기를 원하는가? 그리고 뭔가 잘못되면 누가 책임을 져야 하는가?

한 사례에서 판사는 변호인과 검찰이 합의한 내용보다 콤파스 알고리듬을 더 신뢰했다.[2] 우리가 AI에 지나치게 의존하게 되는 것은 아닐까? 콤파스 알고리듬의 거짓 양성(재범할 것으로 예측되었지만 재범하지 않은 사람)이 불균형적으로 흑인이 많다는 연구 결과로 인해 매우 큰 논란이 벌어지고 있다(Fry, 2018). 따라서 AI는 편견과 부당한 차별을 강화할 수 있다.

주택 담보 대출이나 구직 신청자에 대한 결정을 추천하는 알고리듬에서도 비슷한 문제가 발생할 수 있다. 또는 이른바 예측 치안 predictive policing의 사례도 있다. 범죄가 발생할 가능성이 큰 지역(예를 들면 도시의 어느 지역)과 범죄를 저지를 수 있는 사람을 예측하는 데 알고리듬을 사용하지만, 그 결과 특정한 사회경제적 또는 인종적 집단이 경찰 감시의 불균형적인 표적이 될 수 있다. 예측 치안은 이미 미국에서 사용되고 있으며, 최근 「알고리듬워치AlgorithmWatch」(2019) 보고서에서 알 수 있듯이 유럽에서도 사용되고 있다.[3] 그리고 AI 기반 얼굴 인식 기술은 종종 감시용으로 사용되며, 사람들의 프라이버시를 침해할 수 있다. 이는 또한 성적 취향도 어느 정도 예측할 수 있다. 스마트폰에서 나온 정보나 생체 인식 데이터가 필요하지도 않다. 기계는 멀리서 작동한다. 길거리와 기타 공공장소에 있는 카메라를 통해 우리의 기분을 포함하여 우리를 식별하고 '읽을' 수 있다. 데이터 분석을 통해 우리가 모르는 사이에 우리의 정신적, 육체적 건강을 예측할 수 있다. 고용주는 이 기술을 사용하여 우리의 성과를 모니터링할 수 있다.

또한 소셜 미디어에서 활동하는 알고리듬은 혐오 발언이나 허위 정보를 퍼뜨릴 수 있다. 예를 들어 정치 봇이 실제 사람으로 가장하여 정치적 콘텐츠를 게시할 수 있다. 알려진 사례는 2016년 마이크로소프트의 테이Tay라는 이름의 챗봇이다. 테이는 트위터에서 장난스러운 대화를 나누도록 설계되었지만, 점점 똑똑해지면서 인종차별적인 내용을 트윗하기 시작했다. 일부 AI 알고리듬은 버락 오바마 대통령의 연설인 것처럼 오해의 소지가 있도록 제작된 것과 같은 가짜 동영상 연설을 만들 수도 있다.[4]

의도는 좋다. 그러나 이러한 윤리적 문제는 대개 기술이 의도하지 않은 결과다. 편견이나 혐오 발언과 같은 결과의 대부분은 기술 개발자나 사용자가 의도한 것이 아니다. 게다가 항상 한 가지 중요한 질문을 던져야 한다. 누구를 위한 개선인가? 정부인가 혹은 시민인가? 경찰인가 혹은 경찰의 표적이 되는 사람들인가? 판매자인가 고객인가? 판사인가 피고인인가? 가령 기술이 소수의 거대 기업에 의해 형성되는 경우, 권력에 관한 질문이 제기된다(Nemitz, 2018). AI의 미래 모습은 누가 만드는가?

이 질문은 AI의 사회적, 정치적 중요성을 지적한다. AI 윤리는 기술 변화와 그것이 개인의 삶에 미치는 영향뿐 아니라 사회와 경제의 변화에 관한 것이기도 하다. 편견과 차별의 문제는 이미 AI가 사회적 관련성을 가지고 있음을 보여 준다. 그러나 AI는 또한 경제

AI 윤리는
기술 변화와 그것이
개인의 삶에 미치는 영향뿐 아니라
사회와 경제의 변화에
관한 것이기도 하다.

를 변화시키고 있으며, 따라서 우리 사회의 구조도 바꾸어 가고 있다. 브린욜프슨Brynjolfsson과 맥아피McAfee(2014)에 따르면 우리는 기계가 산업혁명에서처럼 인간을 보완할 뿐만 아니라 인간의 대체물이기도 한 제2의 기계시대에 접어들었다. 모든 종류의 직업과 일이 AI의 영향을 받게 될 것이며, 공상과학소설에서 묘사되었던 기술이 현실 세계로 들어오면서 우리 사회가 극적으로 변화할 것으로 예측된 바 있다(McAfee and Brynjolfsson, 2017). 일의 미래는 어떻게 될까? 인공지능이 일자리를 대신하게 되면 우리는 어떤 삶을 살게 될까? 그리고 '우리'는 누구인가? 이러한 변화로 누가 이득을 얻고 누가 손해를 보게 될까?

눈부신 혁신에 기댄 수많은 과장된 이야기가 AI를 둘러싸고 있다. 그리고 AI는 이미 다양한 지식 영역과 인간 업무에 사용되고 있다. 전자는 기술적 미래에 대한 엉뚱한 추측과 인간이 된다는 것이 무엇을 의미하는지에 관한 흥미로운 철학적 토론을 불러일으켰다. 후자는 윤리학자와 정책 입안자들에게 이 기술이 개인과 사회에 극복할 수 없는 도전을 만드는 것이 아니라 우리에게 이익이 되도록 해야 한다는 긴박감을 불러일으켰다. 후자의 관심사는 좀 더 실용적이고 즉각적인 문제다.

정책 결정에 대한 자문 경험이 있는 학계의 철학자가 쓴 이 책은 이 두 가지 측면을 모두 다루고 있으며, 윤리를 이 모든 질문과 관련된 것으로 취급한다. 이 책은 AI의 미래에 대한 영향력 있는 서사와 인간의 본성과 미래에 관한 철학적 질문에서부터 책임과 편견에 대한 윤리적 우려, 그리고 기술로 인해 제기되는 현실 세계의 실천적인 문제를 정책을 통해 처리하는 방법에 이르기까지, 폭넓게 이해된 AI의 윤리적 문제에 대한 좋은 개괄을 가능한 한 너무 늦지 않게 독자에게 제공하는 것을 목표로 하고 있다.

'너무 늦었을' 때에 어떤 일이 일어날까? 일부 시나리오는 디스토피아적이면서 동시에 유토피아적이다. 기술적 미래에 대한 몇 가지 꿈과 악몽, 적어도 **언뜻 보기에** 인공지능의 잠재적 혜택과 위험성을 평가하는 데 관련이 있어 보이는 영향력 있는 이야기로 시작해 보자.

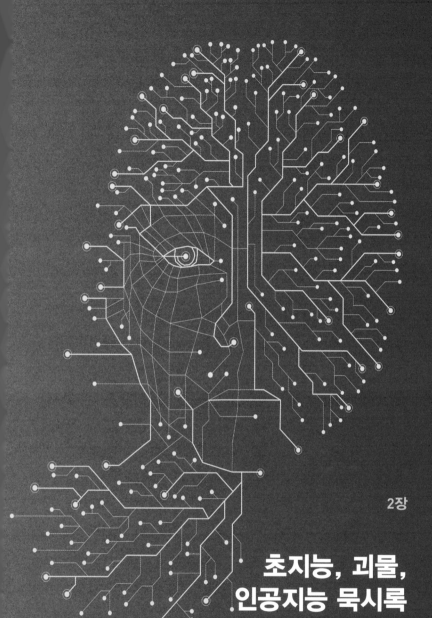

2장

초지능, 괴물,
인공지능 묵시록

초지능과 트랜스휴머니즘

AI를 둘러싼 과장으로 인해 AI의 미래, 나아가 인간이 된다는 것이 무엇인지의 미래에 관한 온갖 추측이 난무하고 있다. 미디어와 AI에 대한 대중 담론에서 자주 반복될 뿐만 아니라 일론 머스크Elon Musk나 레이 커즈와일Ray Kurzweil과 같이 AI 기술을 개발하는 영향력 있는 기술계 인사들도 즐겨 언급하는 한 가지 대중적인 발상은 초지능에 관한 생각, 더 일반적으로는 우리가 기계를 지배하는 것이 아니라 기계가 우리를 장악하고 지배할 것이라는 생각이다. 이는 누군가에게는 꿈이지만 많은 사람에게는 악몽이다. 그리고 어떤 사람들에게는 둘 다이다.

초지능은 기계가 인간의 지능을 능가할 것이라는 발상이다. 이는 종종 지능 폭발과 기술적 특이점이라는 개념과 연결된다. 닉 보스트롬Nick Bostrom(2014)에 따르면 우리의 곤경은 오늘날 그 운명이

전적으로 우리에게 달린 고릴라의 곤경과 비슷하다. 그는 초지능, 때로 우리가 **지능 폭발**이라 부르는 것으로 가는 적어도 두 가지 경로를 고려한다. 하나는 AI가 재귀적으로 자기 개선을 이루어 나가는 것이다. AI가 스스로 개선된 버전을 설계하고, 그것이 다시 더 똑똑한 버전을 설계하는 식의 과정이 이어진다는 것이다. 또 다른 경로는 전체 뇌 에뮬레이션 또는 업로드다. 생물학적 뇌를 지능 소프트웨어로 스캔, 모델링, 재생산할 수 있다는 것이다. 이 생물학적 뇌 시뮬레이션이 로봇 본체에 연결될 것이다. 이러한 발전은 비인간 지능의 폭발적인 증가로 이어질 것이다.

맥스 테그마크Max Tegmark(2017)는 전 지구를 운영하는 전능한 AI를 어떤 한 팀이 만들 수 있다고 상상한다. 그리고 유발 하라리 Yuval Harari는 인간이 더는 지배하지 않고 데이터를 숭배하며 알고리듬을 신뢰하여 의사 결정을 내리는 세상에 관해 썼다. 모든 인본주의적 환상과 자유주의적 제도가 파괴된 후, 인간은 오직 데이터의 흐름에 합류하는 것만을 꿈꾼다. AI는 "인간이 가 보지 않은 곳, 인간이 따라갈 수 없는 곳으로" 자신의 길을 따라간다(Harari, 2015).

지능 폭발이라는 생각은 **기술적 특이점**이라는 생각과 밀접한 관련이 있다. 기술적 특이점은 기하급수적인 기술 발전으로 인해 도대체 세상에 무슨 일이 일어나는지 우리가 더는 이해할 수 없을 정도의 극적인 변화가 일어나 "오늘날 우리가 이해하는 인간사가 종말을 고하는"(Shanahan, 2015) 인류 역사의 순간이다. 1965년 영국의 수학자 어빙 존 굿Irving John Good은 더 나은 기계를 설계하는 초지능 기계를 상상했다. 1990년대 공상과학 작가이자 컴퓨터 과학자인 버너 빈지Vernor Vinge는 이것이 인간 시대의 종말을 의미한다고 주장했다. 컴퓨터 과학의 선구자 존 폰 노이만John von Neumann은 이미 1950년대에 그러한 생각을 내놓았다.

커즈와일(2005)은 '특이점'이라는 용어를 수용하면서 컴퓨터, 유전학, 나노 기술, 로봇공학 등과 더불어 AI가 기계 지능이 인간의 모든 지능을 합친 것보다 더 강력해지고 궁극적으로는 인간과 기계 지능이 합쳐지는 시점을 불러올 것이라 예측했다. 인간은 생물학적 신체의 한계를 초월하게 될 것이다. 그리고 그의 책 제목에서 알 수 있듯이 특이점이 가까워졌다. 그는 2045년경에 이런 일이 일어날 것으로 생각한다.

이 이야기가 해피엔딩일 필요는 없다. 보스트롬, 테그마크 등이 보기에 초지능에는 '실존적 위험existential risks'이 따른다. 이러한 발전의 결과로 초지능 AI가 인간의 지적인 삶을 장악하고 위협할 수도 있다. 그러한 존재가 의식이 있든 없든, 그리고 더 일반적으로 그 지위가 무엇이고 그것이 어떻게 생겨났든 간에 여기서 우려되는 것은 그러한 존재가 무엇을 할 것인지(또는 하지 않을 것인지)에 관한 것이다. AI는 인간의 목표에 신경 쓰지 않을 수도 있다. 생물학적 신체가 없기 때문에 그것은 인간의 고통조차 이해하지 못할 것이다. 보스트롬은 종이 클립을 최대한 생산하라는 목표를 부여받은 AI의 사고 실험을 제시했다. 그것은 지구와 지구에 사는 인간을 모두 종이 클립을 생산하기 위한 자원으로 전환함으로써 그 목적을 달성한다. 따라서 오늘날 우리가 직면한 과제는 어떻게든 이러한 통제 문제를 일으키지 않는, 즉 우리가 원하는 대로 작동하고 우리의 권리를 고려하는 AI를 만드는 것이다. 가령 우리는 AI의 기능을 어떻게든 제한해야 하는가? 우리는 AI를 어떻게 억제할 것인가?[1]

이와 관련한 아이디어 중 하나가 **트랜스휴머니즘**이다. 초지능과 인간의 연약함과 '오류'에 대한 실망을 고려하여 보스트롬과 같은 트랜스휴머니스트들은 인간을 향상할 필요가 있다고 주장한다. 인간을 더 똑똑하게, 질병에 덜 취약하게 만들고, 더 오래 살고, 잠재적으로 불멸의 존재로 만들어서 그 결과 유발 하라리가 말하는 호모 데우스, 즉 인간을 신으로 업그레이드해야 한다고 주장하는 것이다. 프랜시스 베이컨이 「철학의 논박」에서 이미 말했듯이 인간은 "필멸의 신"이다(Bacon, 1964). 그렇다면 왜 불멸을 달성하려고 하지 않는가? 그러나 트랜스휴머니스트들에 따르면 설령 불멸을 달성할 수 없다 하더라도 인간 기계는 업그레이드가 필요하다. 그렇게 하지 않으면 인간은 AI의 "느리고 점점 더 비효율적인 부분"으로 남을 위험이 있다(Armstrong, 2014). 인간 생물학을 재설계할 필요가 있다. 그리고 일부 트랜스휴머니스트들은 생물학적 부분을 완전히 없애고 비유기적인 지능적 존재를 설계하지 않을 이유가 없다고 주장한다.

이러한 생각을 즐기는 대부분의 철학자와 과학자는 공상과학이나 종교와 자신들의 견해를 구별하기 위해 주의를 기울이지만, 많은 연구자는 그들의 생각을 정확하게 그런 용어들로 해석한다. 우선 그들의 생각이 현재의 기술 발전 및 AI 과학과 얼마나 관련이 있는지, 그리고 가까운 미래에 (설령 가능은 하더라도) 실제로 초지능에 도달할 가능성이 있는지는 명확하지 않다. 어떤 사람들은 그 가능성을 정면으로 거부하고(다음 장 참조), 과학자 마가렛 보든Margaret Boden과 같이 원칙적으로 그것이 가능하다는 것을 받아들일 준비가 되어 있는 사람들도 실제로 그것이 일어날 가능성은 없다고 생각한다.

초지능이라는 생각은 우리가 이른바 **일반 인공지능**general artificial intelligence, 혹은 인간의 지능과 동등하거나 그 이상인 지능을 개발할 것이라고 가정한다. 하지만 이를 달성하기까지 넘어야 할 많은 장애물이 있다. 보든(2016)은 AI가 많은 사람이 생각하는 것보다 덜 유망하다고 주장했다. 그리고 2016년 백악관 보고서는 일반 AI는 적어도 수십 년 동안 달성되지 않을 것이라는 민간 부문 전문가들의 합의를 지지한다. AI 분야의 많은 연구자가 보스트롬과 다른 사람들이 조장하는 디스토피아적 견해를 거부하고 도우미 또는 팀 동료로서 AI의 긍정적인 활용을 강조한다.

하지만 문제는 미래에 실제로 어떤 일이 일어날 것인가만이 아니다. 또 다른 우려는 AI가 (먼 미래에 끼칠) 영향에 대한 이러한 논의가 실제로 배치된 시스템의 실상과 현재 위험으로부터 주의를 분산시킨다는 것이다(Crawford and Calo, 2016). 가까운 미래에는 시스템이 **충분히 똑똑해지지 않을 것이고** 우리가 그것들의 윤리적, 사회적 영향을 충분히 이해하지 못하는데도 그것들을 널리 사용할 것이라는 실제의 위험이 있는 것 같다. 지능을 인류의 주요 특징이자 유일한 궁극적 목표로 지나치게 강조하는 것 역시 문제다 (Boddington, 2017).

그런데도 초지능과 같은 생각은 계속해서 대중적 논의에 영향을 미치고 있다. 또한 그것들이 기술 개발에 영향을 미칠 가능성도 있다. 예를 들어 레이 커즈와일은 단순한 미래학자가 아니다. 그는 2012년부터 구글의 엔지니어링 디렉터로 일하고 있다. 그리고 테슬라와 스페이스X의 CEO이자 유명 인사인 일론 머스크는 보스트롬과 커즈와일의 초지능과 실존적 위험 시나리오(파멸 시나리오?)를 지지하는 것처럼 보인다. 그는 인공지능의 위험성을 반복해서 경고해 왔으며, 인공지능을 실존적 위협으로 간주하고 우리가 그 악마를 통제할 수 없다고 주장했다(Dowd, 2017). 그는 인간이 기계 지능과 합쳐지거나 우리가 화성으로 탈출하지 않는 한 인간은 아마도 멸종할 것으로 생각한다.

이러한 생각이 영향력이 큰 이유는 아마도 우리의 집단의식에 존재하는 인간과 기계에 대한 깊은 우려와 희망을 건드리기 때문일 것이다. 이러한 특정 생각을 거부하든 거부하지 않든 간에 이것들은 인간과 기계에 대한 우리의 관계를 이해하려는 인류 문화와 역사 속 허구적 서사와 분명하게 연결되어 있다. 이 생각의 일부를 맥락화하고 더 잘 이해하기 위해 이러한 서사를 명시적으로 만들 필요가 있다. 더 일반적으로는 서사 연구를 AI 윤리에 통합하는 것이 중요하다. 예를 들어 특정 서사가 널리 퍼진 이유와 그 서사가 누구에 의해 만들어졌는지, 누가 그로부터 혜택을 받는지 이해하는 것이 중요하다(Royal Society, 2018). 이는 또한 AI의 미래에 대한 새로운 서사를 구성하는 데 도움이 될 수 있다.

프랑켄슈타인의 새로운 괴물

과장된 이야기를 넘어서는 한 가지 방법은 인류 문화의 역사에서 비롯되어 AI에 대한 현재의 대중적 논의를 형성한 몇 가지 관련 서사를 고려하는 것이다. 인류와 기술의 미래에 대해 사람들이 질문을 던진 것이 이번이 처음은 아니다. 그리고 AI에 대한 일부 발상이 아무리 이국적으로 보일지라도 우리의 집단의식, 더 정확하게는 서구의 집단의식에 존재하는 다소 익숙한 생각과 서사가 그런 발상과 어떤 연관성이 있는지 탐색해 볼 수 있다.

첫째, 서구 문화와 비서구 문화 모두에서 인간과 기계 또는 인공 생명체에 관해 생각해 온 오랜 역사가 있다. 무생물에서 생명체를 창조한다는 생각은 수메르, 중국, 유대교, 기독교, 이슬람 전통의 창조 이야기에서 찾아볼 수 있다. 고대 그리스인들은 이미 인공 인간, 특히 인공 여성을 창조한다는 생각을 하고 있었다. 예를 들어 『일리아스』에서 헤파이스토스는 여성처럼 보이는, 금으로 만든 하인의 도움을 받았다고 한다. 유명한 피그말리온 신화에서 조각가는 자신이 만든 상아 조각상과 사랑에 빠진다. 그는 그녀가 살아나기를 소원했고, 아프로디테 여신은 그의 소원을 들어주어 그녀의 입술이 따뜻해지고 몸이 부드러워진다. 우리는 여기서 현대의 섹스 로봇과의 연관성을 쉽게 찾아볼 수 있다.

이러한 서사는 신화에만 나오는 것이 아니다. 그리스 수학자이 자 엔지니어인 알렉산드리아의 헤론(10~70년경)은 그의 저서『오토 마타』에서 사원에 있는 사람들이 신들이 움직이는 모습을 보고 있다 고 믿게 만든 기계를 묘사했다. 1901년에는 복잡한 시계 메커니즘 을 기반으로 한, 고대 그리스의 아날로그 컴퓨터로 밝혀진 안티키 테라Antikythera 메커니즘이라는 유물이 바다에서 발견되기도 했다.

하지만 기계가 인간처럼 변한다는 식의 허구 이야기가 특히 우 리를 매료시킨다. 예를 들어 16세기 한 랍비가 진흙으로 만든 괴물 이 통제 불능 상태가 되었다는 골렘의 전설을 생각해 보라. 여기서 우리는 통제 문제의 초기 버전과 마주친다. 프로메테우스 신화도 종종 이런 식으로 해석된다. 그는 신에게서 불을 훔쳐 인간에게 주 었다가 벌을 받게 된다. 그는 바위에 묶인 채로 매일 독수리가 그의 간을 파먹는 영원한 고통에 처한다. 고대의 교훈은 오만을 경고하 는 것이다. 그러한 힘은 인간을 위한 것이 아니라는 것이다.

하지만 "현대판 프로메테우스"라는 부제가 붙은 메리 셸리Mary Shelley의『프랑켄슈타인』에서는 생명이 없는 물질에서 지적인 생명 체를 창조하는 것이 근대과학의 프로젝트가 된다. 과학자 빅터 프 랑켄슈타인은 시체 조각들로 인간과 같은 존재를 창조하지만, 자 신의 창조물에 대한 통제력을 잃게 된다. 랍비는 결국 골렘을 통제 할 수 있었지만, 이 경우에는 그렇지 않았다.『프랑켄슈타인』은 근대 기술에 대해 경고하는 낭만주의 소설로 볼 수 있지만, 당시 과학으로부터 영향을 받은 작품이다. 예를 들어 당시로서는 매우 새로운 기술이었던 전기의 사용은 시체에 활력을 불어넣는 중요한 역할을 한다. 또한 자력과 해부학에 대한 언급도 있다. 당시의 사상가들과 작가들은 생명의 본성과 기원에 대해 토론했다. 생명력이란 무엇인가? 메리 셸리는 당대 과학으로부터 영향을 받았다.[1] 이 이야기는 19세기 낭만주의자들이 시와 문학이 근대성의 어두운 면으로부터 우리를 해방해 주기를 바랐던 만큼이나 과학에 얼마나 매료되었는지를 보여 준다(Coeckelbergh, 2017).

이 소설이 반드시 과학과 기술에 반대하는 것으로 여겨져서는 안 된다. 주요 메시지는 과학자들이 자신의 창조물에 책임을 져야 한다는 것으로 보인다. 괴물은 도망쳤지만 이는 창조자에게 버림받았기 때문이다. 이 교훈은 인공지능의 윤리를 위해 명심해야 할 중요한 점이다. 그렇기는 하나 이 소설은 무분별한 기술의 위험성, 특히 인공 인간이 폭주할 때의 위험성을 분명히 강조한다. 이러한 두려움은 통제 불능에 빠진 AI에 대한 현대의 우려에서 다시 표면으로 부상한다.

게다가 『프랑켄슈타인』과 골렘 전설에서처럼 경쟁의 서사도 등장한다. 인공 피조물이 인간과 경쟁하는 것이다. 이러한 서사가 AI에 대한 공상과학소설뿐 아니라 AI 및 로봇 공학과 같은 기술에 대한 현대적 사고의 형성으로 이어진다. 주인에게 반란을 일으킨 로봇 노예들에 관한 1920년 연극 〈R.U.R.Rossum's Universal Robots〉, 앞

"현대판 프로메테우스"라는
부제가 붙은 메리 셸리의
『프랑켄슈타인』에서는,
생명이 없는 물질에서
지적인 생명체를 창조하는 것이
근대과학의 프로젝트가 된다.

서 언급했듯이 AI가 자신의 임무를 완수하기 위해 승무원들을 살해하기 시작하는 1968년 영화 〈2001: 스페이스 오디세이〉, AI 로봇에이바가 자신의 창조주를 공격하는 2015년 영화 〈엑스 마키나〉를 생각해 보라. 〈터미네이터〉 시리즈도 기계가 인간에게 등을 돌린다는 이러한 서사에 들어맞는다. 공상과학 작가 아이작 아시모프는 로봇에 대한 이런 두려움을 "프랑켄슈타인 콤플렉스"라고 불렀다. 이는 오늘날 AI와도 관련이 있다. 과학자들과 투자자들이 다루어야 할 문제다. 어떤 이들은 그것에 반대하고, 어떤 이들은 그러한 두려움을 조장하고 지속시키려 한다. 우리는 이미 머스크를 언급했다. AI에 대한 두려움을 퍼뜨린 영향력 있는 또 다른 인물은 물리학자 스티븐 호킹이다. 그는 2017년에 AI의 창조가 우리 문명 역사상 최악의 사건이 될 수 있다고 말했다(Kharpal, 2017). 프랑켄슈타인 콤플렉스는 서구 문화와 문명에 광범위하게 깊숙이 뿌리내리고 있다.

초월과 인공지능 묵시록

트랜스휴머니즘과 기술적 특이점 같은 생각은 서양 종교와 철학적 사고의 역사, 특히 유대교·기독교 전통과 플라톤주의에 선례가 있거나 적어도 그것과 유사하다. 많은 사람들의 생각과 달리 서양 문화의 역사에서 종교와 기술은 항상 연결되어 있었다. 여기서나는 초월과 묵시록에 대한 논의로 한정하겠다.

유신론적 종교에서 초월이란 신이 세계 안에 있거나 세계의 일부(내재성)가 아니라 물질적, 물리적 세계로부터 독립적이며 '위에' 있음을 의미한다. 유대교·기독교의 일신교 전통에서 신은 자신의 피조물을 초월하는 존재로 여겨진다. 또한 신은 동시에 모든 피조물과 존재에 스며들어 있다고(내재성) 볼 수도 있다. 예를 들어 가톨릭 신학에서 신은 그의 아들(그리스도)과 성령을 통해 자신을 내재적으로 드러내는(계시하는) 존재로 이해된다. AI에 대한 프랑켄슈타인 서사는 창조주와 피조물(호모 데우스와 AI 사이) 사이의 분열 또는 간극이라는 의미로 초월성을 강조하는 것처럼 보이며, 이러한 분열 또는 간극이 연결될 수 있다는 희망은 별로 주지 않는다.

초월은 한계를 넘어 무언가를 뛰어넘는 것을 가리킬 수도 있다. 서양의 종교와 철학의 역사에서 초월은 종종 물질적, 물리적 세계의 한계를 뛰어넘는 형태를 취했다. 예를 들어 기원전 2세기 지중해 세계에서 영지주의는 모든 물질을 악으로 보고 인간의 몸에서 신성한 불꽃을 해방하는 것을 목표로 삼았다. 일찍이 플라톤은 육체를 영혼의 감옥으로 보았다. 육체와 달리 영혼은 불멸하는 것으로 여겨진다. 그의 형이상학은 영원한 형상과 변화하는 세상의 사물을 구분했는데, 전자는 후자를 초월한다.

트랜스휴머니즘에서도 이를 연상시키는 몇 가지 생각을 볼 수 있다. 그것은 인간의 한계를 극복한다는 의미에서 초월의 목표를 유지하고 있을 뿐 아니라, 이러한 초월이 일어날 것이라 여기는 구체적인 방법도 플라톤과 영지주의를 연상시킨다. 즉 불멸에 도달하

많은 사람들의
생각과 달리
서양 문화의 역사에서
종교와 기술은
항상 연결되어 있었다.

기 위해서는 업로딩과 인공 행위자의 개발을 통해 생물학적 신체를 초월해야 한다는 것이다. 보다 일반적으로 AI와 관련 과학기술이 수학을 사용하여 지저분한 물질세계에서 보다 순수한 형상을 추출(추상화)할 때, 이것은 기술적 수단으로 실현된 플라톤적 프로그램으로 해석될 수 있다. AI 알고리듬은 현상의 세계(데이터)에서 형상(모델)을 추출하는 플라톤적 기계임이 밝혀진다.

초월은 또한 인간의 조건을 뛰어넘는 것을 의미하기도 한다. 기독교 전통에서 이것은 아마도 신과 닮은 원래의 모습과 완전성을 회복함으로써 인간을 신으로 만들어 신과 인간 사이의 간극을 메우려는 형태를 취할 수 있다(Noble, 1997).

그러나 불멸에 대한 트랜스휴머니즘의 탐구는 아주 오래된 것이다. 그것은 이미 메소포타미아 신화에서 찾을 수 있다. 인류의 가장 오래된 이야기 중 하나인 『길가메시 서사시』는 우루크 왕(길가메시)이 친구인 엔키두가 죽은 후 불멸을 추구한다는 이야기를 들려준다. 길가메시는 불멸을 찾지 못한다. 그는 젊음을 되찾아준다는 풀을 뽑는 데 성공하지만 뱀이 그것을 훔쳐 가고, 결국에는 불멸의 추구는 헛된 것이며 죽음이라는 현실을 직시해야 한다는 교훈을 얻게 된다. 인류의 역사 내내 사람들은 생명의 영약을 찾고자 했다. 오늘날에는 과학이 노화 방지 요법을 찾고 있다. 이런 의미에서 불멸이나 장수를 추구하는 트랜스휴머니즘의 탐색은 새롭거나 이국적인 것이 아니다. 그것은 인류의 가장 오래된 꿈 중 하나이며 일부 현대 과학을 대변한다. 트랜스휴머니스트의 손에서 AI는 불멸을 약속하는 초월 기계가 된다.

트랜스휴머니즘의 생각, 특히 기술적 특이점을 맥락화하는 데 도움이 되는 다른 오래된 개념으로는 묵시록과 종말론이 있다. 고대 그리스어 **묵시**apocalypse는 계시를 의미하는데, 이는 유대교와 기독교 세계에서도 중요한 역할을 한다. 오늘날 그것은 종종 종말의 비전 또는 세상의 종말 시나리오와 같은 특정한 종류의 계시 내용을 가리킨다. 종교적 맥락에서 **종말론**eschatology이라는 용어는 역사의 마지막 사건과 인류의 궁극적인 운명에 관한 신학의 한 부분을 가리킨다. 대부분의 묵시적이고 종말론적인 생각은 새롭고 더 높은 현실, 존재, 의식의 수준으로 향해 나아가면서 급진적이고 종종 폭력적인 세상의 붕괴나 파괴를 포함한다. 이는 또한 재앙과 세상의 종말을 예언하는 것이 전부인 이른바 최후의 심판일을 말하는 종교 집단이나 종파를 떠올리게 하기도 한다. 일반적으로 트랜스휴머니스트들은 그러한 종교 집단이나 관행과는 아무런 관련이 없지만, 분명히 기술적 특이점이라는 생각은 묵시록이나 종말론, 최후의 심판일 서사와 어느 정도 닮아 있다.

AI의 개발은 비허구적이고 세속적인 과학에 기반을 두고 있고, 트랜스휴머니스트들은 보통 종교와 거리를 두며 그들의 작업이 허구라는 제안을 거부하지만, 우리가 그러한 용어들로 AI의 미래를 논의할 때면 공상과학소설과 고대 종교 및 철학의 발상이 불가피하게 역할을 하게 된다.

일반적으로 트랜스휴머니스트들은
그러한 종교 집단이나
관행과는 아무런 관련이 없지만,
분명히 기술적 특이점이라는 생각은
묵시록이나 종말론,
최후의 심판일 서사와
어느 정도 닮아 있다.

경쟁 서사와 과장된 이야기를 넘어

이제 누군가 질문할 수 있다. 탈출구가 있는가? 우리는 경쟁 서사를 뛰어넘어 AI나 유사한 기술의 미래를 이해하는 보다 내재적인 방법을 찾을 수 있을까? 아니면 AI에 대한 서구의 사고는 이러한 근대적 공포와 매혹, 그리고 그 고대의 뿌리라는 감옥에 갇혀 있을 운명인가? 우리는 과장된 이야기를 넘어설 수 있을까, 아니면 논의의 초점이 계속 초지능에 맞춰질 것인가? 나는 우리에게 탈출구가 있다고 생각한다.

첫째, 우리는 서구 문화 바깥에서 기술에 관한 비프랑켄슈타인적 서사와 비플라톤적 사고방식을 찾아볼 수 있다. 예를 들어 서구에 비해 기술 문화가 자연 종교, 특히 신도의 영향을 더 많이 받았고, 대중문화가 기계를 도우미로 묘사해 온 일본에서는 로봇과 AI에 대한 더 우호적인 태도를 발견할 수 있다. 여기서 우리는 프랑켄슈타인 콤플렉스를 찾을 수 없다. 때때로 '정령숭배적' 사고방식이라 불리는 것은 원칙적으로 AI도 영이나 영혼을 가질 수 있으며 신성한 존재로 경험될 수 있다는 것을 함축한다. 이는 경쟁의 서사가 없음을 의미한다. 그리고 물질성을 초월하려는, 그리고 인간은 기계보다 우월하거나 그 너머의 존재이며 기계와는 근본적으로 다르다는 것을 끊임없이 옹호하려는 플라톤적 욕망도 없다. 내가 알기로는 동양 문화에는 종말에 관한 사상도 없다. 유일신 종교와 달리 자연 종교는 시간을 순환적으로 이해한다. 따라서 서구 문화 너머

(또는 자연 종교가 있는 서양의 아주 오래전 과거)를 살펴보는 것이 AI의 미래에 대한 주류 서사들을 비판적으로 평가하는 데 도움이 될 것이다.

둘째, 과장된 이야기를 넘어서고 AI에 대한 윤리적 논의를 먼 미래에 대한 꿈과 악몽으로 제한하지 않기 위해서 우리는 1) 철학과 과학을 사용하여 이러한 시나리오와 논의에서 중요한 역할을 하는 AI와 인간에 대한 가정을 비판적으로 검토하고 토론할 수 있다(예를 들면 일반 지능은 가능한가? 인간과 기계의 차이점은 무엇인가? 인간과 기술의 관계는 무엇인가? AI의 도덕적 지위는 무엇인가?). 2) 현존하는 AI는 무엇이며 오늘날 다양한 애플리케이션들에서 그것이 어떤 역할을 하고 있는지 자세히 살펴볼 수 있다. 3) 오늘날 적용되고 있는 AI가 제기하는 보다 구체적이고 시급한 윤리적, 사회적 문제에 대해 논의할 수 있다. 4) 가까운 미래를 위한 AI 정책을 조사할 수 있다. 5) 현재 공적 담론에서 AI에 초점을 맞추는 것이 우리가 직면한 다른 문제에 비추어 도움이 되는지, 지능에만 초점을 맞춰야 하는지에 대해 질문할 수 있다. 다음 장들에서 우리는 이러한 경로를 따를 것이다.

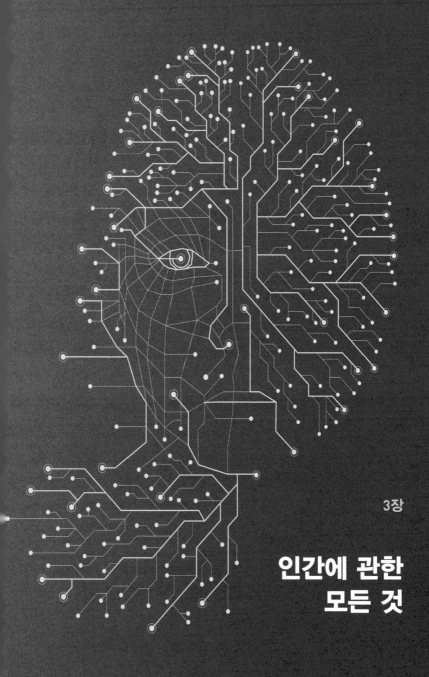

3장

인간에 관한
모든 것

일반 인공지능은
가능한가?

기술적 미래에 대한 트랜스휴머니스트의 비전은 일반 인공지능(또는 강한 인공지능)이 가능하다고 가정한다. 과연 그런가? 즉 우리는 인간-같은 인지 능력을 가진 기계를 만들 수 있을까? 만약 대답이 '아니오'라면 초지능에 관한 모든 비전은 AI 윤리와 무관하다. 인간의 일반 지능이 기계에서 가능하지 않다면 우리는 초지능에 대해 걱정할 필요가 없다.

보다 일반적으로 AI에 대한 우리의 평가는 AI가 무엇이고 무엇이 될 수 있다고 생각하는지, 그리고 인간과 기계 사이의 차이점에 대해 어떻게 생각하는지에 따라 달라지는 것 같다. 적어도 20세기 중반부터 철학자와 과학자 들은 컴퓨터가 무엇을 할 수 있고 무엇이 될 수 있는지, 인간과 지능적 기계의 차이점은 무엇인지에 대해 토론해 왔다. 이러한 논의 중 일부를 살펴보도록 하자. 이는 AI가 무엇이며 어떤 존재가 되어야 하는지에 관한 것만큼이나 **인간**은 무엇이며 어떤 존재가 되어야 하는지에 관한 논의이기도 하다.

컴퓨터가 지능, 의식, 창의성을 가질 수 있을까? 컴퓨터가 사물을 파악하고 의미를 이해할 수 있을까? 인간-같은 AI의 가능성에 대한 비판과 회의의 역사가 있다. 1972년 현상학을 전공한 철학자 휴버트 드레이퍼스Hubert Dreyfus는 『컴퓨터가 할 수 없는 것』이라는 책을 출간했다.[1] 1960년대부터 드레이퍼스는 AI의 철학적 기반에 대해 매우 비판적이었고 그 약속에 의문을 제기해 왔다. 그는 AI 연구 프로그램이 실패할 운명이라고 주장했다. 버클리대학교로 옮기기 전에 그는 MIT에 재직 중이었다. MIT는 당시 주로 기호 조작을 기반으로 한 AI 개발에 중요한 역할을 했던 곳이다. 드레이퍼스는 뇌는 컴퓨터가 아니며 마음은 기호 조작을 통해 작동하지 않는다고 주장했다. 우리는 경험에 기반한 상식적인 지식과 하이데거가 "세계-내-존재being-in-the-world"라고 부르는 것의 무의식적인 배경을 가지고 있으며, 이러한 지식은 암묵적이고 형식화될 수 없다. 드레이퍼스는 인간의 전문성은 "명제적 지식know-that"이 아니라 "절차적 지식know-how"에 기반한다고 주장한다. AI는 이러한 배경적 의미와 지식을 포착할 수 없다. 만약 AI가 그러한 포착을 목표로 한다면 이는 연금술이나 신화에 불과하다. 오직 인간만이 무엇이 관련 있는지 알 수 있다. 이는 체화된embodied 실존적 존재로서 우리가 세계에 관여하고 상황의 요구에 대응할 수 있기 때문이다.

인간-같은 AI의 가능성에 대한
비판과 회의의 역사가 있다.

당시 드레이퍼스는 많은 반대에 부딪혔다. 하지만 나중에 많은 AI 연구자들은 더는 일반 AI를 약속하거나 예측하지 않았다. AI 연구는 기호 조작에 대한 의존에서 벗어나 통계 기반의 기계학습을 포함한 새로운 모델로 옮겨 갔다. 그리고 드레이퍼스 당시에는 현상학과 AI 사이에 여전히 큰 간극이 있었지만, 오늘날 많은 AI 연구자는 현상학에 더 가깝다고 주장하는 체화되고 상황적인 인지과학 접근법을 수용하고 있다.

그렇기는 하지만 드레이퍼스의 반론은 여전히 유효하며, 특히 이른바 대륙 철학에서 바라보는 인간에 대한 견해(오로지 대륙 철학의 견해만 그런 것은 아니지만)가 종종 과학적 세계관과 어떻게 충돌하는지를 보여 준다. 대륙 철학자들은 대개 인간과 마음은 기계와 근본적으로 다르다는 점을 강조하며, 형식적인 기술이나 과학적 설명으로 환원될 수 없고 또한 환원되어서도 안 되는 (자기)의식적인 인간 경험과 인간 실존에 초점을 맞춘다.

그러나 대개 분석철학 전통에 속하는 다른 철학자들은 AI 연구자들의 인간관을 지지한다. 이들은 인간의 뇌와 마음은 컴퓨터 모델과 **실제로 같으며 그렇게 작동한다고** 생각한다. 폴 처칠랜드Paul Churchland와 대니얼 데닛Daniel Dennett 같은 철학자가 후자의 좋은 예다. 처칠랜드는 과학, 특히 진화생물학, 신경과학, AI가 인간의 의식을 충분히 설명할 수 있다고 생각한다. 그는 뇌가 일종의 순환 신경망recurrent neural network이라고 생각한다. 그의 이른바 제거적 유물론은 비물질적인 사유나 경험의 존재를 부정한다. 우리가 사유나 경험이라고 부르는 것은 단지 뇌의 상태일 뿐이다. 데닛 역시 신체에서 일어나는 것 이상의 어떤 것에 대한 존재를 부정한다. 그는 우리 "스스로가 일종의 로봇"이라고 생각한다(Dennett, 1997). 그리고 만약 인간이 기본적으로 의식적인 기계라면 그러한 기계는 원칙적으로뿐만 아니라 사실의 문제로서도 가능하다. 우리는 그것들을 만들려고 노력할 수 있다.

흥미롭게도 대륙 철학자와 분석철학자 모두 마음과 육체를 분리하는 데카르트적 이원론에 반대하지만 그 이유는 서로 다르다. 전자는 인간 존재가 마음과 육체가 분리되지 않는 세계-내-존재라고 생각하기 때문이고, 후자는 유물론적 이유로 마음은 육체와 분리된 별개의 것이 아니라고 생각하기 때문이다.

그러나 분석적 전통의 모든 철학자가 일반 AI나 강한 AI가 가능하다고 생각하는 것은 아니다. (후기) 비트겐슈타인의 관점에서 혹자는 일련의 규칙으로 인지 현상을 설명할 수는 있지만, 그것이 우리가 실제로 머릿속에 규칙을 가지고 있음을 함축하지 않는다고 주장할 수 있다(Arkoudas and Bringsjord, 2014). 드레이퍼스의 비판과 마찬가지로 이는 최소한 **한 종류의 AI**, 즉 기호적인 AI를 곤란하게 만든다. 만약 그것이 인간의 사고방식이라고 가정한다면 말이다.

AI에 대한 또 다른 유명한 철학적 비판은 존 설_{John Searle}로부터 제기된다. 그는 컴퓨터 프로그램이 진정한 인지 상태를 가질 수 있다거나 의미를 이해할 수 있다는 생각에 반대하는 논증을 펼친다(Searle, 1980). 그가 제시한 사고실험은 중국어 방 논증이라고 불리는데, 그 내용은 다음과 같다. 설은 방에 갇혀 중국어로 쓰인 글을 받았으나 중국어를 모른다. 그러나 그는 주어진 문서(입력)를 기반으로 정답(출력)을 생성할 수 있는 규칙집을 사용하기 때문에 방 밖의 중국어 사용자가 던지는 질문에 대답할 수 있다. 그는 중국어를 이해하지 못하고서도 이 작업을 성공적으로 수행할 수 있다. 마찬가지로 컴퓨터 프로그램도 규칙에 따라 입력에 기반한 출력을 생성할 수 있지만, 그것은 아무것도 이해하지 못한다고 설은 주장한다. 좀 더 전문적인 철학 용어로 말하자면 컴퓨터 프로그램은 지향성 intentionality을 갖지 않으며, 진정한 이해는 형식적인 계산으로는 산출될 수 없다. 보든이 말했듯이 기본 발상은 의미란 인간에게서 나온다는 것이다(Boden, 2016).

오늘날의 AI 컴퓨터 프로그램은 드레이퍼스와 설이 비판한 프로그램과는 흔히 다르지만 논쟁은 계속되고 있다. 많은 철학자가 인간과 컴퓨터가 생각하는 방식에 결정적인 차이가 있다고 생각한다. 예를 들어 오늘날에도 누군가는 인간은 의미를 만들고, 의식이 있고, 체화된, 생명체이며, 그 본성, 마음, 지식은 기계와의 비교를 통해 설명될 수 없는 존재라는 이의를 여전히 제기할 수 있다. 그러나 **원칙적으로** 인간과 기계 사이에는 많은 유사성이 있으며 **이론적으로** 일반 AI가 가능하다고 믿는 과학자와 철학자조차도 보스트롬의 초지능에 대한 비전이나 인간-같은 AI가 머지않았다는 유사한 생각을 거부하는 경우가 많다는 점에 다시 한번 주목하자. 보든과 데닛은 둘 다 일반 AI가 실제로는 실현하기 매우 어려우므로 오늘

우리는 의미를 만들고,
의식이 있고, 체화된, 생명체이며,
그 본성, 마음, 지식은
기계와의 비교를 통해서는
설명될 수 없는 존재다.

걱정할 사항은 아니라고 생각한다.

따라서 AI에 관한 논의의 배경에는 인간의 본성, 지능, 마음, 이해, 의식, 창의성, 의미, 인간의 지식, 과학 등등에 대한 깊은 의견의 불일치가 있다. 만약 그것을 '투쟁'이라고 한다면 이는 AI에 관한 것만큼이나 인간에 관한 투쟁인 셈이다.

근대성, (포스트)휴머니즘, 포스트현상학

더 넓은 인문학적인 관점에서 볼 때, 인공지능과 인간에 대한 이러한 논쟁을 더욱 맥락화하여 무엇이 쟁점인지 살펴보는 것은 흥미로운 일이다. 이러한 논쟁은 기술과 인간에 관한 것일 뿐만 아니라 근대성에서의 깊은 분열을 반영한다. AI에 대한 윤리적 논의를 간접적으로 형성하는 세 가지 분열에 대해 간략히 살펴보자. 첫 번째는 근대 초기에 빚어진 계몽주의와 낭만주의 사이의 분열이다. 다른 둘은 비교적 최근에 전개된 일이다. 하나는 근대성의 긴장 속에 자리하고 있는 휴머니즘과 트랜스휴머니즘 사이의 분열이고, 다른 하나는 근대성을 넘어서려는 휴머니즘과 포스트휴머니즘 사이의 분열이다.

AI와 인간에 대한 논쟁을 이해하는 첫 번째 방식은 **계몽주의**와 **낭만주의** 사이에 빚어진 근대성의 긴장을 고려하는 것이다. 18세기와 19세기에 계몽주의 사상가와 과학자 들은 전통적인 종교적 견해에 도전했다. 그들은 이성, 회의주의, 과학이 인간과 세계가 실제로 어떻게 존재하는지 보여 줄 것이며, 논증에 의해 정당화되지 않고 증거에 의해 뒷받침되지 않는 그냥 믿음들로 보이는 것과는 다를 것이라고 주장했다. 그들은 과학이 인류의 이익을 위해 무엇을 할 수 있는지에 대해 낙관적이었다. 이에 대해 낭만주의자들은 추상적 이성과 근대과학이 세상을 탈마법화했으며, 과학이 제거하고자 했던 신비와 경이로움을 되찾아야 한다고 주장했다.

AI에 대한 논쟁을 보면 우리는 거기서 크게 진전하지 않은 것 같다. 예를 들어 의식에 대한 데닛의 연구와 창의성에 대한 보든의 연구는 데닛의 표현을 빌리자면 "마법을 깨는" 설명을 목표로 하고 있다. 이러한 사상가들은 과학이 의식, 창의성 등의 신비를 풀 수 있다고 낙관한다. 그들은 인간을 탈마법화하려는 노력에 저항하는 이들, 이를테면 포스트모더니즘의 전통 안에서 작업하며 인간의 신비함을 강조하는 대륙 철학자들, 즉 신낭만주의자들에게 반기를 든다. '마법을 깰 것인가, 아니면 인간의 경이로움을 고수할 것인가?'라는 질문은 일반 AI와 그 미래에 관한 논의에서 중심적인 것으로 보인다.

두 번째 긴장은 **휴머니스트**(인본주의자)와 **트랜스휴머니스트** 사이의 긴장이다. '인간'이란 무엇이며, 인간은 무엇이 되어야 하는가? 인간을 있는 그대로 옹호하는 것이 중요한가, 아니면 인간에 대한 우리의 개념을 수정해야 하는가? 휴머니스트들은 있는 그대로의 인간을 찬양한다. 윤리적으로 말하자면 그들은 인간의 내재적이고 우월한 가치를 강조한다. AI를 둘러싼 논쟁에서 AI 윤리의 근간으로서 인권과 인간의 존엄성을 옹호하는 논증이나, AI의 발전과 미래에서 인간의 중심성과 그 가치를 주장하는 논증에서 휴머니즘의 흔적을 찾아볼 수 있다. 여기서 휴머니즘은 종종 계몽주의적 사고와 결합한다. 그러나 휴머니즘은 더 보수적이거나 낭만주의적인 형태를 취할 수도 있다. 휴머니즘은 또한 트랜스휴머니즘 프로젝트에 대한 저항에서도 찾아볼 수 있다. 트랜스휴머니스트들은 과학과 기술을 통해 향상된 새로운 유형의 인간으로 나아가야 한다고 생각하는 반면, 휴머니스트들은 있는 그대로의 인간을 옹호하고 트랜스휴머니즘의 과학과 철학이 위협한다고 알려진 인간의 가치와 존엄성을 강조한다.

새로운 기술에 대한 방어적 반응에는 나름의 역사가 있다. 인문학과 사회과학에서 기술은 종종 인간과 사회를 위협하는 것으로 비판받아 왔다. 예를 들어 20세기의 많은 철학자가 과학에 대해 매우 비관적이었고 기술이 사회를 지배하는 것을 경고했다. 그러나 이제 이 싸움은 인간의 삶과 사회에 관한 것일 뿐 아니라 인간 자체에 관한 것이다. 즉 인간을 향상시킬 것인가, 향상시키지 않을 것인가가 문제다. 한편에서는 인간 자체가 개선의 가능성이 있는 과학기술 프로젝트가 된다. 일단 다윈, 신경과학, AI에 의해 인간에 대한 마법이 풀리면 우리는 인간을 더 나은 존재로 만들 수 있다. AI는 우리가 인간을 개선하는 데 도움을 줄 수 있다. 다른 한편으로 우리는 인간을 있는 그대로 받아들여야 한다. 그리고 어떤 사람들은 인간이 무엇인지는 항상 우리의 이해를 벗어나 있으며 과학으로 완전히 이해될 수 없다고 말한다.

이러한 긴장은 이 논의에서 사람들의 마음을 계속 분열시키고 있다. 이를 넘어설 수 있을까? 현실적으로 인간-같은 AI를 만드는 목표를 포기할 수도 있다. 하지만 그 경우에도 AI 과학에서 사용하는 **인간 모델로서** AI의 지위에 관한 의견의 불일치는 여전히 남아 있다. AI는 인간이 생각하는 방식에 대해 정말로 우리에게 무언가를 알려 주는가? 아니면 특정한 종류의 사고, 예를 들어 수학으로 형식화할 수 있는 사고나 통제와 조작을 목표로 하는 사고에 대해서만 알려 주는가? 우리는 이러한 기술로부터 인간에 관해 실제로 얼마나 많은 것을 배울 수 있을까? 인간성은 과학이 포착할 수 있는 것 이상인가? 좀 더 온건한 토론에서도 근대성에 대한 갈등은 표면화된다.

이러한 교착 상태에서 벗어날 방법을 찾기 위해 우리는 지난 50년 동안 **비근대적** 사고방식을 탐구해 온 인문학이나 사회과학의 학자들을 따라갈 수 있다. 브루노 라투르Bruno Latour와 팀 잉골드Tim Ingold 같은 학자들은 계몽주의와 낭만주의의 대립을 넘어서는, 덜 이원론적이고 더 비근대적인 세계와의 관계 방식을 찾을 수 있음을 보여 주었다. 그렇다면 우리는 인간과 비인간 사이의 근대적 분열을, 각각 나름의 방식으로 인간과 기계가 근본적으로 반대된다고 보지 않는 현대 과학이나 트랜스휴머니즘이 아니라, (포스트)인문학의 포스트휴머니즘적 사고를 통해 건너려고 노력할 수 있다.

이는 우리를 휴머니즘과 포스트휴머니즘 사이의 세 번째 긴장으로 옮겨가게 한다. 인간이라는 최고의 가치를 명분으로 동물과 같은 비인간에게 폭력을 행사했다는 비난을 받는 인본주의자들에 맞서, 포스트휴머니스트들은 근대 존재론과 윤리학에서 인간의 중심성에 의문을 제기한다. 이들에 따르면 비인간도 중요하며, 우리는 인간과 비인간 사이의 경계를 넘는 것을 두려워해서는 안 된다. 이는 인간과 기계의 경쟁 서사를 넘어서게 한다는 점에서 흥미로운 탐구의 방향이다.

도나 해러웨이Dona Haraway와 같은 포스트휴머니스트들은 기계와 함께 사는 것, 심지어 기계와 합쳐지는 것이 더는 휴머니즘에서처럼 위협이나 악몽이 되는 것도 아니고, 혹은 트랜스휴머니즘의 꿈이 실현되는 것도 아닌, 인간과 비인간 사이의 존재론적, 정치적 경계를 넘을 수 있고 넘어야 하는 방식으로 여겨지는 비전을 제시한다. 그렇다면 AI는 **트랜스**휴머니즘이 아니라, 과학보다는 인문학과 예술의 측면에서 진입하는 **포스트**휴머니즘 프로젝트의 중요한 일부가 될 수 있다. 일부 계몽주의 트랜스휴머니스트들이 말하고 싶어 하는 것처럼 과학과 보편적 진보의 이름으로가 아니라, 경계 가로지르기라고 하는 포스트휴머니즘의 정치학과 이념의 이름으로 경계를 넘게 된다. 또한 포스트휴머니즘은 **비인간이 우리와 비슷할 필요도 없고, 우리와 비슷하게 만들어서도 안 된다**는 점을 인정하도록 촉구하는 등 AI와 관련한 또 다른 무언가를 제공할 수 있다. 이러한 포스트휴머니즘에 힘입어 AI는 인간을 모방하거나 재구성

포스트휴머니즘에 힘입어
AI는 인간을 모방하거나
재구성해야 하는 부담에서 벗어나
여러 다른 비인간적 종류의
존재, 지능, 창의성 등을
탐색할 수 있다.

해야 하는 부담에서 벗어나 여러 다른 비인간 종류의 존재, 지능, 창의성 등을 탐색할 수 있을 것으로 보인다. AI가 꼭 인간의 모습으로 만들어질 필요는 없다. 여기서 진보란 인간을 넘어 비인간적인 존재에게 자신을 개방하고 그것으로부터 배우는 것을 의미한다. 게다가 트랜스휴머니스트와 포스트휴머니스트는 모두 우리가 과업을 위해 AI와 **경쟁하는** 대신에 공동의 목표를 설정할 수 있다는 것에 동의할 수 있다. 그 공동의 목표에 더 가까이 다가가기 위해 인간과 인공 행위자가 제공할 수 있는 최고의 능력을 동원하고 **협력함으로써** 그 목표에 도달할 수 있으리라는 것이다.

경쟁 서사를 넘어서는 또 다른 방식으로 때로는 포스트휴머니즘에 근접하기도 하는 **포스트현상학**postphenomenology이라는 기술철학의 접근 방식이 있다. 드레이퍼스는 현상학, 특히 하이데거의 저작에 의존한다. 그러나 철학자 돈 아이디Don Ihde가 시작한 포스트현상학적 사유는 하이데거 식의 기술 현상학을 뛰어넘어 인간이 특정한 기술, 특히 물질적 인공물과 어떻게 관계 맺는가에 초점을 맞춘다. 종종 과학 및 기술 연구와 협력하는 이러한 접근 방식은 AI의 물질적 차원을 상기시킨다. AI는 때때로 특정한 물질적 인공물이나 인프라와 무관한 단지 추상적이거나 형식적인 본성을 가진 것으로 여겨지기도 한다. 하지만 앞서 언급한 모든 형식화, 추상화, 기호 조작은 모두 물질적 도구와 인프라에 의존한다. 예를 들어 다음 장에서 살펴보겠지만 현대의 AI는 네트워크와 전자 장치를 통한 대량의 데이터 생성에 크게 의존한다. 이러한 네트워크와 장치는 단순히

'가상virtual'이 아니며 물질적으로 생성되고 유지되어야 한다.

게다가 피터폴 베어벡Peter-Paul Verbeek과 같은 포스트현상학자들은 근대적인 주체와 객체의 분리에 맞서 인간과 기술, 주체와 객체의 상호 구성을 이야기한다. 이들은 기술을 위협으로 보는 대신에 인간은 기술적이며(즉 우리는 항상 기술을 사용해 왔고, 기술은 우리의 실존을 위협하는 외부의 어떤 것이 아니라 인간 실존의 일부다), 기술이 우리가 세계와 교섭하는 것을 자연스럽게 매개한다고 강조한다. 이를 AI에 적용하면 이러한 관점은 기술에 맞서 인간을 지키려는 휴머니즘의 전투가 잘못된 방향을 향하고 있음을 함축하는 것처럼 보인다. 그러는 대신 이 접근 방식에 따르면 인간은 항상 기술적이었다. 따라서 우리는 오히려 AI가 **어떻게** 세계에 대한 인간의 관계를 매개하는지 묻고, 우리가 아직 할 수 있는 동안에 그러한 매개를 적극적으로 형성하려고 노력해야 한다. 즉 우리는 AI가 일으키는 문제에 관해 사후적으로 불평하기보다 AI의 개발 단계에서 윤리를 논의할 수 있고 또 그렇게 해야만 한다.

그러나 포스트휴머니즘과 포스트현상학적인 비전이 너무 낙관적이고 과학 및 공학적 실천과 너무 동떨어져 있어서 AI의 실제 위험과 윤리적, 사회적 결과에 충분히 민감하지 않다고 우려할 수도 있다. 한 번도 건너 보지 않았던 경계를 넘는 것에 반드시 문제가 없는 것은 아니며, 실제로 이러한 포스트휴머니즘과 포스트현상학적 사상은 AI와 같은 기술에서 우리가 직면할 수 있는 지배와 착취에 대항하는 데 별다른 도움이 되지 않을 수도 있다. 또한 누군가는 포스트휴머니즘보다는 더욱 전통적인 인간관을 옹호하거나 새로운 종류의 휴머니즘을 요청할 수도 있다. 따라서 논쟁은 계속된다.

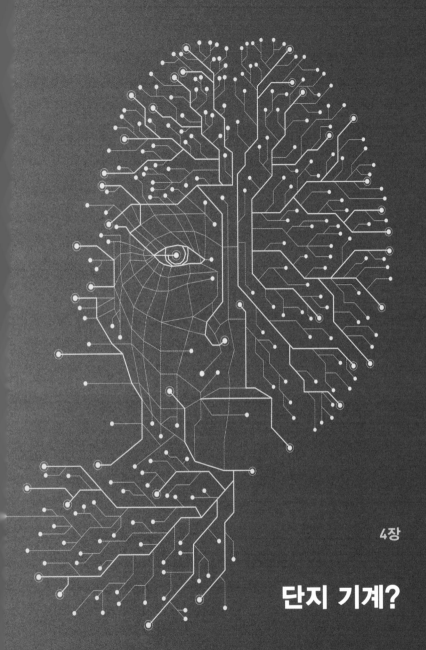

4장

단지 기계?

AI의 도덕적 지위

이전 장에서 나온 문제 중 하나는 비인간도 중요하냐다. 오늘날 많은 사람이 동물도 도덕적으로 중요하다고 생각한다. 하지만 항상 그런 것은 아니었다. 분명히 과거 동물에 대한 우리의 생각은 틀린 것 같다. 오늘날 많은 사람이 인공지능을 단지 기계일 뿐이라고 생각한다면 그들도 비슷한 실수를 저지르고 있는 것일까? 예를 들어 초지능 AI는 도덕적 지위를 가질 자격이 있을까? 그들에게 권리를 주어야 할까? 아니면 기계가 도덕적 지위를 가질 수 있느냐는 질문을 고려하는 것조차 위험한 생각인가?

AI가 무엇이고 무엇이 될 수 있는지를 논의하는 한 가지 방법은 AI의 도덕적 지위에 관해 질문하는 것이다. 여기서 우리는 형이상학, 인식론, 사상사가 아닌 도덕철학을 통해 AI에 관한 철학적 질문에 접근할 것이다. **도덕적 지위**(때로 **도덕적 자격**이라고도 함)라는 용어는 두 가지 종류의 질문을 지칭할 수 있다. 첫째는 AI가 도덕적으로 무엇을 할 수 있는지, 달리 말해서 그것은 철학자들이 **도덕적 행위주체성**이라고 부르는 것을 가질 수 있는지, 그리고 만약 그렇다면 그것은 온전한 도덕적 행위자일 수 있는지에 관한 것이다. 이는 무엇을 의미하는가? 오늘날 AI의 행동은 이미 도덕적 결과를 초래하는 것으로 보인다. 대부분 사람들은 이런 의미로 AI가 오늘날 대부분 자동차와 마찬가지로 '약한' 형태의 도덕적 행위주체성을 가지고 있다는 데 동의할 것이다. 자동차도 도덕적 결과를 초래할 수 있다.

하지만 AI가 점점 더 지능화되고 자율화되고 있다는 점을 고려하면 AI는 더 강력한 형태의 도덕적 행위주체성을 가질 수 있지 않을까? 도덕적 추론, 판단, 의사 결정을 위한 능력을 AI에게 주거나 개발해야 할까? 예를 들어 AI를 사용하는 자율 주행 자동차는 도덕적 행위자로 여겨질 수 있고 또 그래야만 하는가? 이러한 질문은 AI가 **어떤 종류의 도덕적 능력을 갖추고 있거나 갖추어야 하는가** 하는 의미에서 AI 윤리에 관한 질문이다.

그러나 '도덕적 지위'에 관한 질문은 우리가 AI를 어떻게 대해야 하는지에 관한 질문이기도 하다. AI는 '단지 기계'일 뿐일까, 아니면 어떤 형태의 도덕적 고려를 받을 자격이 있을까? 우리는 그것을 가령 토스터나 세탁기와는 다르게 대해야 할까? 언젠가 고도로 지능적인 인공 개체가 개발된다면 그것이 인간이 아니더라도 우리는 그런 개체에게 권리를 부여해야 할까? 이는 철학자들이 **도덕적 피동성**에 관한 질문으로 부르는 것이다. 이 질문은 AI**에 의한** 또

AI는 '단지 기계'일 뿐일까,
우리는 그것을 가령 토스터나
세탁기와는 다르게 대해야 할까?

는 AI의 윤리에 관한 것이 아니라, AI에 대한 우리의 윤리에 관한 것이다. 여기서 AI는 잠재적인 윤리적 행위자 자체라기보다는 윤리적 관심의 대상이다.

도덕 행위주체성

도덕 행위주체성의 문제부터 시작해 보자. AI가 오늘날 가능한 수준보다 더 지능적이라면 우리는 그것이 도덕적 추론을 발달시키며, 인간이 윤리적 문제에 대해 어떻게 결정을 내리는지를 학습할 수 있다고 가정할 수 있다. 하지만 이것으로 온전한 도덕적 행위주체성, 즉 인간-같은 도덕적 행위주체성에 충분한 것일까? 이 질문이 전적으로 공상과학소설은 아니다. 오늘날 우리가 이미 가령 자동차나 법정에서 우리의 일부 결정을 알고리듬에게 넘기고 있다고 할 때 그러한 결정이 도덕적으로 건전하다면 좋은 일일 것이다. 그러나 기계가 인간과 같은 도덕적 능력을 갖출 수 있는지는 분명하지 않다.

기계는 세상에서 일을 한다는 의미에서 행위주체성을 가지며, 이러한 행위는 도덕적 결과를 초래한다. 예를 들어 자율 주행차가 사고를 일으킬 수도 있고, AI가 특정인을 감옥에 보내라고 추천할 수도 있다. 이러한 행동과 선택은 도덕적으로 중립적이지 않다. 관련한 사람들에게는 분명히 도덕적 결과가 있다. 그렇다면 이 문제를 해결하기 위해 AI에 도덕적 행위주체성을 부여해야 할까? AI가 온전한 도덕적 행위주체성을 가질 수 있을까?

이러한 질문에 대해 다양한 철학적 입장이 있다. 어떤 사람들은 기계가 결코 도덕적 행위자가 될 수 없다고 말한다. 그들은 기계가 정신 상태, 감정, 자유의지 등 도덕적 행위주체성을 갖는 데 필요한 능력을 갖고 있지 않다고 주장한다. 따라서 기계가 건전한 도덕적 결정을 내릴 수 있다고 가정하고, 이러한 도덕적 결정을 전적으로 기계에 넘기는 것은 위험하다. 예를 들어 데보라 존슨Deborah Johnson(2006)은 컴퓨터 시스템은 그 자체로 어떤 도덕적 행위주체성도 없다고 주장한다. 그것들은 인간에 의해 생산되고 사용되며, 오직 이들 인간만이 자유를 가지고 도덕적으로 행동하고 결정할 수 있다는 것이다. 마찬가지로 누군가는 AI는 인간이 만든 것이므로 기술적 실천에서 도덕적 의사 결정은 인간이 해야 한다고 말할 수 있다.

스펙트럼의 반대편에는 기계가 인간과 같은 방식으로 온전한 도덕적 행위자일 수 있다고 생각하는 사람들이 있다. 예를 들어 마이클 앤더슨Michael Anderson과 수전 앤더슨Susan Anderson 같은 연구자들은 원칙적으로 인간과 같은 종류의 도덕성을 기계에 부여하는 것이 가능하고 바람직하다고 주장한다(Anderson & Anderson, 2011). 우리는 AI에 원칙을 부여할 수 있고, 기계는 더 합리적이고 감정에 휩쓸리지 않기 때문에 도덕적 추론에서 인간보다 더 뛰어날 수도 있다.

이러한 관점에 반대하여 일부 사람들은 도덕적 규칙이 종종 충돌하며(가령 아시모프의 로봇 이야기 속에서는 로봇에 부여된 도덕법칙이 늘 로봇과 인간을 곤경에 빠뜨린다), 규칙을 부여하여 '도덕적 기계'를 만드는 프로젝트 전체가 도덕의 본성에 대한 잘못된 가정에 기반하고 있다고 주장한다. 도덕성은 규칙을 따르는 것으로 환원될 수 없으며, 그것이 전적으로 인간 감정의 문제는 아니지만 감정은 도덕적 판단에 필수 불가결한 것일 수 있다. 만약 일반 AI가 어쨌든 가능하더라도 우리는 완벽하게 이성적이지만 감정이 없어 인간의 관심사에 둔감한 일종의 '사이코패스 AI'를 원하지는 않는다(Coeckelbergh, 2010).

이러한 이유로 우리는 온전한 도덕적 행위주체성이라는 개념 자체를 전적으로 거부하거나, AI에 모종의 도덕성을 부여하되 온전한 도덕성은 부여하지 않는 중간 입장을 택할 수 있다. 웬들 월락Wendell Wallach과 콜린 앨런Colin Allen은 "기능적 도덕성functional morality"이라는 용어를 사용한다(2009, 39).

AI 시스템에는 자기 행동의 윤리적 결과를 평가할 능력이 필요하다. 그런 판단의 근거는 자율 주행 자동차의 경우에 명확하다. 자율 자동차는 어떤 도덕적 선택이 내려져야 하지만 인간의 의사 결정이나 개입이 이루어질 시간은 없는 상황에 놓일 가능성이 크다. 때때로 이러한 선택은 딜레마의 형태를 띤다. 철학자들은 **트롤리 딜레마**를 이야기한다. 트롤리 딜레마는 다음과 같은 사고 실험의 이름이다. 브레이크가 고장 난 트롤리가 레일 위를 달리고 있다. 레일 위에는 다섯 명의 인부들이 있는데, 아무것도 하지 않고 트롤리가 그대로 달린다면 그들은 모두 죽게 된다. 이를 피하려면 레버를 당겨서 다른 레일로 트롤리의 방향을 바꾸어야 하는데, 그 레일에는 내가 아는 한 명의 인부가 있다. 이때 도덕적으로 해야 할 옳은 행동은 무엇일까? 이와 유사하게 이 접근 방식을 지지하는 사람들은 자율 주행차가 길을 건너는 보행자를 죽이는 것과 벽을 들이받아 운전자를 죽이는 것 사이에서 도덕적 선택을 해야 할 수도 있다고 주장한다. 자동차는 무엇을 선택해야 할까? 우리가 이러한 도덕적 결정을 (미리) 내리고 개발자가 이를 자동차에 구현하도록 해야 할 것 같다. 혹은 인간의 선택을 통해 학습하는 AI 자동차를 만들어야 할수도 있다.

그러나 우리는 AI에 규칙을 부여하는 것이 인간의 도덕성을 표상하는 좋은 방법인지, 도덕성이 '표상'되고 재생될 수 있는지, 트롤리 딜레마가 도덕적 삶과 경험의 중심적인 어떤 것을 포착하고 있는지 등에 대해 의문을 가질 수 있다. 또는 완전히 다른 관점에서 인간이 실제로 도덕적 선택을 잘하는지 물어볼 수도 있다. 왜 인간의 도덕성을 모방해야 할까? 트랜스휴머니스트들은 가령 AI가 우리보다 더 지능적이기 때문에 더 우월한 도덕성을 가질 것이라고 주장할 수 있다.

인간에게 초점을 맞추는 것에 대한 이러한 의문은 온전한 도덕적 행위주체성을 요구하지 않으면서 인간 중심적인 윤리적 입장을 벗어나려는 또 다른 생각으로 이어진다. 루치아노 플로리디Luciano

Floridi와 J. W. 샌더스J. W. Sanders(2004)는 인간이 가진 속성에 기반하지 않는 이른바 '마음 없는 도덕성'을 주장했다. 우리는 도덕적 행위주체성을 충분한 수준의 상호작용성, 자율성, 적응성, 그리고 도덕적으로 적격한 행동을 할 수 있는 능력에 의존하는 것으로 만들 수 있다. 이러한 기준에 따르면 수색 구조견도 도덕적 행위자이며, 원하지 않는 이메일을 걸러내는 AI 웹 봇도 도덕적 행위자다.

이와 유사하게 존 설린스John Sullins(2006)가 제안한 로봇의 도덕적 행위주체성에 대한 비인간 중심적 기준을 적용할 수도 있다. 만약 AI가 프로그래머를 벗어나 자율성을 갖고, (선이나 해를 끼치려는 의도와 같은) 도덕적 의도를 그것에 귀속함으로써 그 행동을 설명할 수 있고, 다른 도덕적 행위자에 대한 자신의 책임을 이해하는 것처럼 보이는 방식으로 행동한다면 그 AI는 도덕적 행위자라고 할 수 있다. 따라서 이러한 견해는 온전한 도덕적 행위주체성이 인간의 도덕적 행위주체성을 의미한다면 그것을 요구하지 않으며, 도덕적 행위주체성을 원칙적으로 인간의 온전한 도덕적 행위주체성이나 그에 필요한 인간의 능력과는 무관한 방식으로 정의한다.

그런데 인간의 도덕적 표준으로 판단할 때, 과연 그러한 인공적인 도덕적 행위주체성으로 충분할까? 현실적인 우려는 예를 들어 자율 주행 자동차가 충분히 도덕적이지 않을 수 있다는 것이다. 여기서 원칙적인 우려는 우리가 인간의 도덕성에서 너무 멀리 벗어난다는 것이다. 많은 사람이 도덕적 행위주체성이 인간다움humanness 및 인격성personhood과 연결되고 또 연결되어야 한다고 생각한다. 그들은 포스트휴머니즘이나 트랜스휴머니즘의 개념들을 기꺼이 수용하려 들지 않는다.

도덕적 피동성

또 다른 논란은 AI의 도덕적 피동성에 관한 것이다. 우리에게 초지능적인 AI가 있다고 상상해 보자. 그것의 스위치를 끄고 '죽이는' 것이 도덕적으로 허용되는가? 그리고 오늘날의 AI에 더 가까운 경우로는, AI 로봇 개를 발로 차도 괜찮은가?[1] 많은 연구자가 예측하듯이 AI가 일상생활의 일부가 된다면 이러한 사례는 불가피하게 등장할 것이며, 우리 인간이 이러한 인공 개체를 어떻게 대해야 하는지에 대한 문제를 제기하게 될 것이다.

하지만 다시 말하지만 먼 미래나 공상과학소설을 바라볼 필요가 없다. 연구에 따르면 오늘날 사람들은 이미 로봇에 공감하고 로봇을 '죽이거나' '고문'하는 일을 주저한다(Suzuki 외, 2015; Darling, Nandy, Breazeal 2015). 이들 로봇이 AI를 갖추고 있지 않음에도 말이다. 인간은 인격성이나 인간다움을 투사하고 공감하기 위해 굳이 인공적인 '행위자'일 것을 거의 요구하지 않는 것 같다. 이제 이러한 행위자가 AI가 되어 잠재적으로 더 인간 같아지면(또는 동물과 같아지면) 이는 도덕적 피동성에 관한 질문을 더욱 시급한 것으로 만들 것이다. 예를 들어 우리는 AI에 공감하는 사람들에게 어떻게 반응

해야 하는가? 그들이 잘못되었나?

　AI는 기계일 뿐이며 AI에 공감하는 사람은 자신의 판단, 감정, 도덕적 경험에서 단지 착오를 일으켰을 뿐이라고 말하는 것이 가장 직관적인 입장일 것이다. 언뜻 보기에 우리는 기계에 아무것도 빚진 것이 없는 것처럼 보인다. 기계는 사물이며 사람이 아니다. 많은 AI 연구자도 그런 식으로 생각한다. 예를 들어 조안나 브라이슨 Joanna Bryson은 로봇은 도구이자 재산이며 우리는 그것에 어떤 의무도 없다고 주장했다(Bryson, 2010). 이러한 견해를 가진 사람들은 만약 AI가 의식 혹은 정신 상태 등을 갖게 된다면 우리가 그것들에 도덕적 지위를 부여해야 한다는 데 동의할 수 있다. 그러나 그들은 이 조건이 오늘날에는 충족되지 않았다고 말할 것이다. 이전 장에서 살펴본 바와 같이 어떤 사람들은 그 조건이 결코 충족될 수 없다고 주장할 것이고, 다른 사람들은 그것이 원칙적으로 충족될 수 있지만 조만간 일어나지는 않으리라 생각한다. 어쨌든 도덕적 지위에 관한 질문의 결론은 현재와 가까운 미래에는 AI를 사물로 취급해야 한다는 것이다. AI가 단지 사물이 아니라고 입증되지 않는 한 말이다.

　그러나 이러한 입장의 한 가지 문제점은 AI가 의식이나 감각력 sentience과 같이 인간이나 동물이 지닌 속성을 가지고 있지 않더라도 AI를 '학대'하는 것은 **무엇인가** 잘못되었다고 말하는 우리의 도덕적 직관과 경험을 설명하거나 정당화하지 못한다는 것이다. 그러한 정당화를 찾기 위해 우리는 칸트에게 의지할 수 있다. 칸트는 개를 쏘는 행위는 개에 대한 어떤 의무를 위반하기 때문이 아니

누군가는 AI를 '학대'하는 것은
AI에 해를 끼치기 때문이 아니라,
그렇게 할 경우
우리의 도덕적 품성이
손상되기 때문에 잘못이라고
주장한다.

라, 그러한 사람이 "인류에 대한 의무에 따라 발휘해야 하는 친절하고 인도적인 자질을 스스로 훼손하기" 때문에 잘못이라고 주장한다 (Kant, 1997). 오늘날에는 (세상 사람 누구나에게 그런 것은 아니지만) 개에 대한 생각이 대개는 이와 다르다.

칸트 식의 논증은 AI에도 적용될 수 있을 것 같다. 우리는 AI에 빚진 것이 없다고 말할 수 있지만, AI를 발로 차거나 '고문'해서는 여전히 안 된다고 말할 수 있다. 이는 우리를 인간에게 불친절한 사람으로 만들기 때문이다. 또한 누군가는 덕 윤리 논증을 사용할 수도 있다. 이것 또한 AI가 아니라 인간에 관한 것이기 때문에 간접적인 논증이다. AI를 '학대'하는 것은 AI에 해를 끼치기 때문이 아니라, 그렇게 할 경우 우리의 도덕적 품성이 손상되기 때문에 잘못이다. 그것은 우리를 더 나은 사람으로 만들지 않는다. 이러한 접근 방식에 반대하며 미래에는 일부 AI가 감각력과 같은 속성을 가지게 되면서 내재적 가치를 지니게 되어 우리의 도덕적 관심을 받을 자격이 있게 되리라고 주장할 수도 있다. 간접적 의무 또는 덕 윤리적 접근법은 도덕적 관계의 '저쪽 편'을 진지하게 여기는 것처럼 보이지 않는다. 그것은 오직 인간만 배려한다. 그렇다면 AI는 어떠한가? 데이비드 군켈David Gunkel(2018)이 질문하는 것처럼 AI나 로봇은 **타자**가 될 수 있을까? 다시 말하지만 상식은 '아니요'라고 말하는 것 같다. AI는 상식이 요구하는 속성을 가지고 있지 않다.

완전히 다른 한 접근 방식은 우리가 도덕적 지위를 질문하는 방식에 문제가 있다고 주장한다. 도덕적 지위에 관한 일반적인 도덕적 추론은 개체가 가진 도덕적으로 관련한 속성(예를 들면 의식 또는 감각력)을 기반으로 이루어진다. 하지만 우리는 AI가 도덕적으로 관련한 속성을 실제로 갖추었는지를 어떻게 알 수 있을까? 그러면 **인간**의 경우에는 확신할 수 있는가? 회의론자는 확신할 수 없다고 말한다. 그러나 이러한 인식론적 확신이 없더라도 우리는 여전히 외관에 근거하여 인간에게 도덕적 지위를 귀속시킨다. **만약** 미래에 인공지능이 인간-같은 외모를 하고 인간처럼 행동하게 된다면 이런 일이 일어날 가능성이 크다. 철학자들이 도덕적으로 **옳다**고 생각하는 것이 무엇이든 인간은 어쨌든 그러한 기계에 도덕적 지위를 귀속시키고 권리를 부여할 것이다.

게다가 인간이 **실제로** 도덕적 지위를 귀속시키는 방식을 자세히 살펴보면 가령 기존의 사회적 관계와 언어가 중요한 역할을 한다는 것이 밝혀졌다. 예를 들어 우리가 고양이를 친절하게 대하는 것은 고양이에 관한 도덕적 추론을 해서가 아니라 우리가 이미 고양이와 일종의 사회적 관계를 맺고 있기 때문이다. 우리가 도덕적 지위를 부여하는 철학적 작업을 하기 전에 고양이는 이미 반려동물이자 동반자다. 설령 우리가 그런 작업의 필요성을 느낀 적이 있다고 해도 말이다. 그리고 자신의 개에게 개인적인 이름을 붙인다면 우리가 먹는 이름 없는 동물과는 대조적으로 우리는 이미 그 객관적인 속성과 무관하게 그 개에게 특정한 도덕적 지위를 부여한 것이다. 이러한 관계적이고 비판적인 비독단적 접근 방식(Coeckelbergh, 2012)을 사용하여 우리는 인공지능의 지위도 인간에 의해 귀속되는 것이며, 이는 인공지능이 우리의 사회적 삶, 언어, 인간 문화 속에 어떻게 포함되는지에 따라 달라질 것이라 유사하게 주장할 수 있다.

게다가 이러한 조건은 역사적으로 가변적이기 때문에(우리가 동물을 어떻게 대하고 생각했는지 다시 생각해 보라) 우리가 AI 일반이나 특정 AI의 도덕적 지위를 '고정'하기 전에 아마도 약간의 도덕적 주의가 필요할 것이다. 어째서 우리가 AI에 대해 일반적으로 또는 추상적으로 이야기하게 되는 것일까? 지위를 부여하는 도덕적 절차에 뭔가 잘못이 있는 것 같다. 이를테면 이런 식이다. 어떤 개체에 대해 그것의 도덕적 지위를 판단하기 위해 우리는 그것을 관계적 맥락에서 분리한다. 그리고 도덕적 절차의 결과를 얻기도 전에 우리는 이미 다소 위계적이고, 거만하며, 패권적으로 우리 우월한 인간 판관이 결정을 내릴 대상으로 그것을 취급하는 것이다 그것의 도덕적 지위에 대한 실제 추론을 하기도 전에 우리는 그것을 의사 결정의 대상으로 취급하고, 우리 자신을 다른 존재에 도덕적 지위를 부여할 권능을 가진, 중심적이고, 힘 있는, 전지한 지구상의 신으로 설정함으로써 이미 그것의 위치를 지정하고 어쩌면 그것에 폭력까지 행사하는 것처럼 보인다.

또한 우리는 모든 상황적, 사회적 맥락과 조건을 보이지 않게 만들었다. 트롤리 딜레마의 경우에서처럼 우리는 윤리를 하나의 캐리커처로 축소했다. 그러한 추론을 통해 도덕철학자들은 드레이퍼스주의 철학자들이 기호적 AI 연구자들이 하고 있다고 비난했던 그런 일을 하는 것처럼 보인다. 우리를 인간으로 만드는 성질을 무시하는 대가를 치르고 더불어 비인간의 도덕적 지위를 미리 전제하는 위험을 무릅쓰면서 풍부한 도덕적 경험과 지식을 형식화하고 추상화하는 것이다. AI의 실제 도덕적 지위가 **무엇이든**(만약 그것이 인간 주체성과 완전히 독립적으로 정의될 수 있다면) 우리 자신의 도덕적 태도와 추상적인 도덕적 추론의 프로젝트 자체를 비판적으로 검토할 가치가 있다.

더 실천적인 윤리적 문제를 향하여

본 장과 이전 장의 논의에서 알 수 있듯이 AI에 대해 생각하는 것은 AI에 관해서만 알려 주는 것이 아니라, 우리 자신에 대해서도 무엇인가를 알려 준다. 우리가 어떻게 생각하고, 실제로 어떻게 비인간과 관계 맺고 있으며 또 관계 맺어야 하는지에 관해서 말이다. AI 윤리의 철학적 토대를 들여다보면 우리는 인간성, 과학, 근대성의 본성과 미래에 대한 깊은 의견의 불일치를 본다. AI에 관한 질문은 인간 지식, 인간 사회, 인간 도덕의 본성에 관한 비판적 질문의 심연을 열어 준다.

이러한 철학적 논의는 생각보다 덜 억지스럽고 덜 '학문적'이다. 그것들은 이 책의 뒷부분에서 AI가 제기하는 보다 구체적인 윤리적, 법적, 정책적 질문을 고려할 때 계속 다시 떠오를 것이다. 우리가 책임과 자율주행 자동차, 기계학습의 투명성, 편향된 AI, 섹스로봇의 윤리와 같은 주제를 다루려고 하면 곧 다시 그것들과 마주치게 될 것이다. AI 윤리가 단순한 쟁점들의 점검표 이상이 되려면 그러한 질문들에 관해 무엇인가 할 말이 있어야 한다.

이제 좀 더 실질적인 쟁점으로 넘어가야 할 때다. 이것은 가상의 일반 AI가 제기하는 철학적 문제나 먼 미래의 초지능과 관련한 위험, 공상과학소설의 놀라운 괴물과는 관련이 없다. 그것들은 눈에 잘 띄지 않고 덜 매력적이지만 여전히 매우 중요한 효과를 이미 발휘 중인 AI의 현실에 관한 것이다. 오늘날 이미 작동하고 있는 AI는 프랑켄슈타인의 괴물이나 문명을 위협하는 화려한 AI 로봇의 역할을 맡지 않으며, 철학적 사고 실험에 그치는 것도 아니다. AI는 눈에 잘 띄지 않고 무대 뒤에 있지만 이미 오늘날 우리 삶을 모양 짓는, 널리 퍼져 있고 강력하며 점점 더 똑똑해지는 기술이다. 따라서 AI 윤리는 현재와 가까운 미래의 AI가 제기하는 윤리적 도전 및 우리 사회와 취약한 민주주의에 미치는 영향에 관한 것이다. AI 윤리는 사람들의 삶과 정책에 관한 것이다. 그것은 개인으로서건 사회로서건 **지금의** 윤리적 쟁점들을 다루어야 하는 우리의 필요에 부응하는 윤리다.

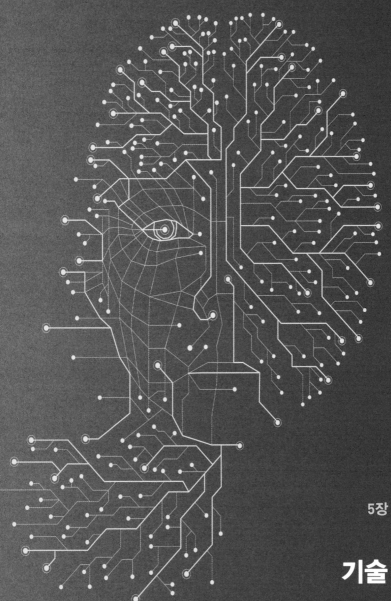

5장

기술

인공지능이란 무엇인가?

AI에 대한 보다 상세하고 구체적인 윤리적 문제를 논의하기 전에 기반을 분명히 다지기 위해 한 가지 해야 할 일이 더 있다. 과장된 이야기를 넘어서서 우리에게는 기술과 그 적용에 대한 이해가 필요하다. 일반 AI에 대한 트랜스휴머니즘적인 공상과학소설과 철학적 사색을 제쳐 두고 오늘날 AI 기술이 무엇이며 어떤 일을 하는지 살펴보자. AI와 기타 용어에 대한 정의 자체가 논쟁의 대상이므로 철학적 논의나 역사적 맥락화의 문제를 너무 깊게 파고들지는 않을 것이다. 여기서 나의 주된 목적은 독자들에게 해당 기술과 그것이 어떻게 사용되는지에 대한 생각을 제공하는 것이다. 먼저 AI 일반에 대해 말하는 것으로 시작하자. 다음 장은 기계학습과 데이터과학, 그리고 그 적용에 초점을 맞출 것이다.

AI는 코드(알고듬) 또는 기계에 의해 표시되거나 시뮬레이션

되는 지능으로 정의할 수 있다. AI에 대한 이러한 정의는 지능을 어떻게 규정할 것인가의 질문을 제기한다. 철학적으로 이는 모호한 개념이다. 분명한 비교 대상은 인간-같은 지능이다. 예를 들어 필립 얀센Philip Jansen 등은 AI를 "인간 지능의 기준에 따라 지능적이라 여겨지는 능력을 갖춘 기계의 과학 및 공학"으로 정의한다(2018). 이러한 견해에 따르면 AI는 인간처럼 생각하거나 행동(반응)하는 지능형 기계를 만드는 것이다.

그러나 많은 AI 연구자는 지능이 인간과 같을 필요는 없다고 생각하며, 인간의 지능이나 일반 AI 또는 강한 AI와 관련한 목표와는 무관한 용어로 정식화되는 보다 중립적인 정의를 선호한다. 이들은 학습, 지각, 계획, 자연어 처리, 추론, 의사 결정, 문제 해결과 같은 모든 종류의 인지 기능과 작업을 열거하는데, 문제 해결은 종종 지능 그 자체와 동일시되기도 한다. 예를 들어 마가렛 보든은 AI가 "마음이 할 수 있는 종류의 일을 컴퓨터가 하도록 만들고자 한다"라고 주장한다. 언뜻 들으면 인간만이 유일한 모델인 것처럼 들린다. 그러나 그녀는 지각, 예측, 계획과 같은 모든 종류의 심리적 기술을 열거하며 이것들은 "다양한 정보 처리 능력이 풍부하게 구조화된 공간"의 일부라고 말한다(2016). 그리고 이러한 정보 처리가 배타적으로 인간만의 일일 필요는 없다. 보든에 따르면 일반 지능은 반드시 인간적일 필요가 없다. 일부 동물도 지능적이라 여겨질 수 있다. 그리고 트랜스휴머니스트들은 더는 생물학적 기반을 갖지 않는 미래의 마음을 꿈꾼다. 그렇기는 하지만 인간-같은 능력과 인간-같은 일반 지능을 달성하려는 목표가 처음부터 AI의 한 부분이기는 했다.

AI의 역사는 컴퓨터과학을 비롯하여 수학, 철학과 같은 관련 학문과 밀접하게 연결되어 있다. 따라서 이는 장인들이 인공적인 존재나 사람을 속일 수 있는 기발한 기계 인공물을 만드는 이야기(고대 그리스의 움직이는 형상이나 고대 중국의 사람 모양을 한 기계 형상을 생각해 보라)와 더불어 고대는 아니더라도 적어도 근대 초기(가령 라이프니츠와 데카르트)까지 거슬러 올라간다. 그러나 독자적인 학문으로서 AI는 일반적으로 1940년대 프로그램 가능한 디지털 컴퓨터가 발명되고 1948년 노버트 위너Norbert Wiener가 "동물과 기계의 제어와 통신"(Wiener, 1948)에 관한 과학적 연구로 정의한 사이버네틱스 학문이 탄생한 이후인 1950년대에 시작된 것으로 여겨진다.

AI의 역사에서 중요한 한 순간은 1950년 앨런 튜링Alan Turing의 논문 「컴퓨팅 기계와 지능Computing Machinery and Intelligence」이 『마인드Mind』에 실렸을 때다. 이 논문은 유명한 튜링 테스트를 소개했지만 더 광범위하게는 기계가 생각할 수 있는지의 질문에 관한 것으로서, 추상적인 작업을 학습하고 수행할 수 있는 기계에 관해 이미 숙고했다. 하지만 일반적으로 1956년 여름 뉴햄프셔주 하노버에서 열린 다트머스 워크숍이 현대 AI의 발상지로 여겨진다. 이 워크숍의 주최자인 존 매카시John McCarthy는 AI라는 용어를 만들었고, 마빈 민스키Marvin Minsky, 클로드 섀넌Claude Shannon, 앨런 뉴웰Allen Newell, 허버트 사이먼Herbert Simon과 같은 인물들이 참가했다. 사이버네틱스가 아날로그 기계에 너무 치중한다는 인식이 강했던 반면, 다트머스의 AI는 디지털 기계를 포용했다. 기본적인 생각은 인간의 지능을 **시뮬레이션**하는 것이었다(이는 인간 지능을 재창조하는 것이 아니어서 그 과정은 인간과 같지 않다). 많은 참가자가 인간만큼 똑똑한 기계가 곧 도래할 것이라고 생각했다. 그들은 한 세대도 채 걸리지 않을 것으로 예상했다.

그것은 강한 AI의 목표다. **강인공지능**strong AI 또는 **일반 인공지능**general AI은 인간이 할 수 있는 모든 인지 작업을 수행할 수 있는 반면에, **약인공지능**weak AI 또는 **좁은 인공지능**narrow AI은 체스, 이미지 분류 등과 같은 특정 영역의 작업만 수행할 수 있다. 오늘날까지 우리는 일반 AI를 달성하지 못했으며, 이전 장에서 살펴본 바와 같이 앞으로도 그럴 수 있을지 의문이다. 일부 연구자와 기업, 특히 계산적 마음 이론을 믿는 사람들이 이를 개발하기 위해 노력하고 있지만, 일반 AI가 곧 실현될 것 같지는 않다. 따라서 다음 장의 윤리와 정책 질문은 현재 우리가 이미 가지고 있으며 가까운 미래에 더욱 강력하고 널리 보급될 가능성이 있는 약하거나 좁은 AI에 초점을 맞춘다.

AI는 **과학**과 **기술** 모두로 정의할 수 있다. 그것의 목적은 지능과 앞서 언급한 인지 기능에 대한 더 나은 과학적 설명을 달성하는 것일 수 있다. 이는 인간과 자연 지능을 가진 다른 존재들을 더 잘 이해하는 데 도움이 될 수 있다. 이런 식으로 AI는 지능(Jansen 외, 2018)과 때로는 마음이나 뇌의 현상을 체계적으로 연구하는 과학이자 학문이다. 따라서 AI는 인지과학, 심리학, 데이터 과학(아래 참조)과 같은 다른 과학과 연결되며, 때로는 자연 지능의 이해에 관한 자체의 고유한 주장을 제시하는 신경과학과도 연결된다. 그러나 AI는 보덴의 말처럼 "유용한 일을 수행하는" 다양한 실용적 목적을 위한 기술 개발을 목표로 할 수도 있다. 이는 인간이 설계한 도구의 형태를 취하여, 실용적인 목적을 위해 지능과 지능적인 행동의 외양을 생성할 수 있다. AI는 (데이터 형태의) 환경을 분석하고 상당한 수준의 자율성을 가지고 행동함으로써 이를 수행할 수 있다.

때때로 과학적, 이론적 관심과 기술적 목적이 합세하는 경우도 있다. 신경계를 이해하기 위해 컴퓨터과학의 도구를 사용하는 계산 신경과학이나, 신경과학뿐 아니라 로봇공학과 AI를 포함하는 유럽의 '인간 두뇌 프로젝트'[1]와 같은 특정 프로젝트가 그 사례다. 그 프로젝트 중 일부는 이른바 빅데이터 신경과학에서 신경과학과 기계학습을 결합한다(예를 들면 Vu 외, 2018).

보다 일반적으로 AI는 수학(예를 들면 통계학), 공학, 언어학, 인지과학, 컴퓨터과학, 심리학, 심지어 철학을 포함한 많은 학문에 의존하고 있으며 이러한 학문들과 연결되어 있다. 앞서 살펴본 바와 같이 철학자와 AI 연구자 모두 마음과 지능, 의식, 지각, 행위, 창의성과 같은 현상을 이해하는 데 관심이 있다. AI는 철학에 영향을 미쳤으며 그 반대도 마찬가지다. 키스 프랭키시Keith Frankish와 윌리엄 램지William Ramsey는 철학과의 이러한 연결을 인정하고 AI의 학제 간 교차성을 강조하며, "다양한 계산, 수학적, 논리적, 기계적, 심지어 생물학적 원리와 장치를 호출하여 지능과 인지 과정을 이해하고 모델링하고 복제하는 초학제적 접근 방식"(2014)이라는 AI의 정의 속에서 과학과 기술 측면을 결합한다. 따라서 AI는 이론적이면서도 실용적이며, 과학이자 기술이다. 이 책은 보다 실용적인 측면에서 기술로서의 AI에 초점을 맞춘다. 이는 AI 내부에서 이 방향으로 초점이 옮겨졌을 뿐 아니라, AI가 주로 이러한 형태로 윤리적, 사회적 영향을 미치기 때문이다. 물론 과학적 연구도 윤리적으로 완전히 중립적인 것은 아니지만 말이다

기술로서 AI는 다양한 형태를 취할 수 있으며, 대개는 알고리듬, 기계, 로봇 등 더 큰 기술 시스템의 일부다. 따라서 AI는 '기계'에 관한 것일 수 있지만, 이 용어가 휴머노이드 로봇은 말할 것도 없고 로봇만을 지칭하는 것은 아니다. AI는 다른 많은 종류의 기술 시스템과 장치에 내장될 수 있다. AI 시스템은 웹에서 실행되는 소프트웨어(예를 들면 챗봇, 검색 엔진, 이미지 분석)의 형태를 취할 수도 있지만 또한 로봇, 자동차 또는 '사물 인터넷' 애플리케이션과 같은 하드웨어 장치에도 내장될 수 있다.[2] 사물 인터넷의 경우 '사이버 물리 시스템'이라는 용어가 때때로 사용되기도 하는데, 이는 물리적 세계에서 작동하고 물리적 세계와 상호 작용하는 장치를 의미한다. 로봇은 사이버 물리 시스템의 한 종류로, 세계에 직접적으로 영향력을 행사하는 시스템이다(Lin, Abney, Bekey, 2011).

AI가 로봇에 내장된 경우 이는 **체화된**embodied AI라고 불리기도 한다. 물리적 세계에 직접적인 영향력을 행사할 때, 로봇 공학은 물

리적 구성 요소에 크게 의존한다. 그런데 웹에서 실행되는 소프트웨어를 포함해서 모든 AI는 무언가를 '수행'하며 그것이 실행되는 컴퓨터나 그것이 의존하는 네트워크나 인프라 등과 같은 물질적 측면도 가지고 있다. 이는 '가상의' 웹 기반 및 '소프트웨어' 애플리케이션과 물리적 또는 '하드웨어' 애플리케이션 사이의 구분을 골치 아픈 문제로 만든다. AI 소프트웨어는 실행을 위해 하드웨어와 물리적 인프라를 필요로 하며, 사이버 물리 시스템은 오직 적절한 소프트웨어에 연결되어 있을 때만 'AI'다. 더욱이 현상학적으로 말하면 하드웨어와 소프트웨어는 우리의 경험이나 장치의 사용 과정에서 병합된다. 우리는 AI로 구동되는 상호작용형 휴머노이드 로봇이나 알렉사Alexa와 같은 AI 대화형 기기를 소프트웨어나 하드웨어로서가 아니라 하나의 기술 장치(때로는 헬로 바비처럼 유사 인간으로)로 경험한다.

AI는 가령 자연어 처리의 발전이나 좀 더 인간-같은 의사소통을 통해 로봇 공학에 큰 영향을 미칠 가능성이 크다. 이러한 로봇은 종종 '소셜 로봇'이라고 불린다. 그것들은 가령 동반자나 도우미로서 인간과 자연스럽게 상호 작용함으로써 인간의 일상적인 사회생활에 참여하도록 의도되었기 때문이다. 따라서 AI는 소셜 로봇의 추가적인 발전을 촉진할 수 있다.

그런데 시스템 전체의 외형과 행동, 환경에 미치는 영향이 현상학적으로나 윤리적으로는 매우 중요하지만, 그것들과 관계없이 AI '지능'의 기반은 알고리듬 혹은 알고리듬의 조합인 소프트웨어다. 알고리듬은 컴퓨터, 스마트폰, 기계, 로봇 또는 그것이 내장된 모든 것에 무엇을 해야 하는지 알려 주는 조리법과 같은 일련의 명령들이다. 알고리듬은 사용 가능한 정보(입력)를 기반으로 특정 출력으로 이어진다. 이는 문제를 해결하기 위해 적용된다. AI 윤리를 이해하려면 AI 알고리듬이 어떻게 작동하고 무엇을 하는지를 이해해야 한다. 이에 대해서는 지금과 다음 장에서 더 말하겠다.

다양한 접근 방식과 하위 분야

다양한 종류의 인공지능이 있다. 혹자는 **접근 방식**이나 **연구 패러다임**이 다르다고 말할 수도 있다. 드레이퍼스의 비판에서 보았듯이 AI는 역사적으로 종종 기호적 AI였다. 이는 1980년대 후반까지 지배적인 패러다임이었다. 기호적 AI는 추상적 추론이나 의사 결정과 같은 고차원적인 인지 작업을 기호로 표상하는 것에 의존한다. 예를 들어 **의사 결정 트리**를 기반으로 의사 결정을 내릴 수 있다. 의사 결정 트리는 종종 순서도의 그래픽으로 표현되는, 의사 결정과 그에 따른 가능한 결과의 모델이다. 이를 수행하는 알고리듬은 만약 … (조건) … 그러면 … (결과) 형식의 결정 규칙인 조건적 진술을 포함하며, 그 과정은 결정론적이다. 이러한 AI는 인간의 전문 지식을 표상하는 데이터베이스를 바탕으로 많은 정보를 통해 추론하며 **전문가 시스템**으로 행위할 수 있다. AI는 인간이 전부 읽기 어렵거나 불가능한 방대한 지식을 기반으로 전문적인 의사 결정을 내리 거나 추천을 할 수 있다. 전문가 시스템은 예를 들어 의료 분야에서 진단과 치료 계획을 위해 사용된다. 그것들은 오랫동안 가장 성공적인 AI 소프트웨어였다.

오늘날에도 기호적 AI는 여전히 유용하지만, 이것과 결합할 수도 그렇지 않을 수도 있는 새로운 종류의 AI가 등장했다. 이는 전문가 시스템과는 대조적으로 데이터로부터 자율적으로 학습할 수 있다. 그런 학습은 완전히 다른 접근 방식을 통해 이루어진다.

1980년대에 좋고 오래된 구식 인공 지능GOFAI; Good Old-Fashioned Artificial Intelligence이라 불리는 것의 대안으로 **연결주의**connectionism 연구 패러다임이 발전했다. 연결주의와 신경망 기술은 고차적인 인지 기능을 표상하는 대신에, 간단한 단위(유닛)를 기반으로 상호 연결된 네트워크를 구축해야 한다는 발상에 기반하고 있다. 지지자들은 이것이 인간의 두뇌가 작동하는 방식과 유사하다고 주장한다. 인지는 '뉴런'(단, 생물학적 뉴런과는 다름)이라고 불리는 단순한 처리 단위 간의 상호작용에서 창발한다는 것이다. 서로 연결된 많은 뉴런이 사용된다. 이러한 접근 방식과 기술은 **기계학습**(다음 장 참조)에서 자주 사용되며, 신경망이 여러 층의 뉴런을 가지고 있는 경우에 **딥러닝**이라고 부른다. 일부 시스템은 하이브리드다. 예를 들어 딥마인드의 알파고는 하이브리드 시스템이다. 딥러닝은 기계 시각과 자연어 처리 같은 분야가 발전할 수 있게 해 주었다. 신경망을 사용하는 기계학습은 프로그래머가 네트워크의 아키텍처는 알고 있지만 중간

층(입력과 출력 사이)에서 정확히 어떤 일이 일어나는지, 따라서 어떻게 결정이 내려지는지는 다른 사람에게 명확하지 않다는 의미에서 '블랙박스'가 될 수 있다. 이는 투명하고 해석 가능하며, 따라서 인간이 확인하고 평가할 수 있는 의사 결정 트리와는 대조된다.

AI의 또 다른 중요한 패러다임은 이른바 고차적 인지 작업보다는 운동 작업과 상호 작용에 초점을 맞춘, 체화되고 상황적인 접근 방식을 사용하는 것이다. MIT의 로드니 브룩스Rodney Brooks 같은 AI 연구자들이 만든 로봇은 기호적 표상을 사용하는 것이 아니라 주변 환경과 상호작용을 하며 문제를 해결한다. 가령 1990년대에 개발된 브룩스의 휴머노이드 로봇 코그Cog는 유아들이 하는 것처럼 세상과 상호작용을 하면서 학습하도록 제작되었다. 또한 어떤 사람들은 마음은 생명체에서만 생겨날 수 있다고 믿는다. 따라서 AI를 만들려면 우리는 인공생명을 만들려고 노력해야 한다는 것이다. 일부 공학자는 덜 형이상학적이며 보다 실질적인 접근 방식을 취한다. 이들은 실용적인 기술적 애플리케이션을 개발하는 모델로 생물학을 사용한다. 또한 진화할 수 있는 진화형 AI도 있다. 어떤 프로그램은 이른바 유전 알고리듬을 사용하여 스스로를 변화시킬 수 있다.

AI에 대한 이러한 접근 방식과 AI 기능의 다양성은 또한 오늘날의 AI가 기계학습, 컴퓨터 시각, 자연어 처리, 전문가 시스템, 진화적 계산 등 다양한 하위 분야를 가지고 있음을 함축한다. 오늘날에는 흔히 기계학습에 초점을 맞춘다. 하지만 다른 분야가 기계학습과 연결되는 경우가 흔하다고 하더라도 이는 AI의 한 영역일 뿐이다.

최근에는 기계학습을 통해서 컴퓨터 시각, 자연어 처리, 빅데이터 분석 분야에 많은 진전이 이루어졌다. 예를 들어 인터넷에서 찾은 텍스트 같은 음성과 서면 소스의 분석을 기반으로 자연어 처리에 기계학습을 사용할 수 있다. 이러한 작업이 오늘날의 대화형 행위자를 탄생시켰다. 또 다른 예로는 컴퓨터 시각과 딥러닝을 기반으로 한 얼굴 인식이 있다. 이는 가령 보안 감시 등에 사용될 수 있다.

적용과 영향

AI 기술은 산업 제조, 농업, 운송부터 의료, 금융, 마케팅, 섹스와 엔터테인먼트, 교육, 소셜 미디어에 이르기까지 다양한 영역에 적용될 수 있다. 소매와 마케팅 분야에서는 추천인 또는 추천 시스템이 구매 결정에 영향을 미치고 표적 광고를 제공하는 데 사용된다. 소셜 미디어에서는 AI가 실제 사람인 것처럼 보이지만 실제로는 소프트웨어인 사용자 계정의 봇을 구동할 수 있다. 이러한 봇은 정치적 콘텐츠를 게시하거나 인간 사용자와 채팅할 수 있다. 의료 분야에서는 AI가 수백만 명의 환자 데이터를 분석하는 데 사용된다. 이 분야에서는 전문가 시스템이 여전히 사용되고 있다. 금융 분야에서는 시장 분석을 위해 빅데이터 세트를 분석하고 거래를 자동화하는 데 AI가 사용된다. 로봇 동반자도 종종 AI를 일부 포함한다. 자동 조종 장치나 자율 주행 자동차도 AI를 사용한다. 고용주는 직원을 감시하기 위하여 AI를 사용할 수 있다. 비디오 게임에는 AI로 구동되는 캐릭터가 있다. AI는 음악을 작곡하거나 뉴스 기사를 작성할 수 있다. 또한 AI는 사람의 목소리를 흉내 내고 가짜 연설 동영상을 만들 수도 있다.

수많은 적용 분야를 고려할 때 AI는 현재와 가까운 미래에 광범위한 영향을 미칠 것이다. 보안과 감시의 새로운 가능성을 창출하는 예측 치안과 음성 인식, 도시 전체를 변화시킬 수 있는 P2P 운송과 자율 주행 자동차, 이미 금융시장을 형성하고 있는 고빈도 알고리듬 거래, 혹은 전문가의 의사 결정에 영향을 미치는 의료 분야의 진단 애플리케이션 등을 고려해 보라. AI의 영향을 받는 주요 분야 중 하나인 과학도 빼놓을 수 없다. AI는 빅데이터 세트 분석을 통해 과학자들이 간과할 수 있는 연관성을 발견하는 데 도움을 줄 수 있다. 이는 물리학 같은 자연과학뿐만 아니라 사회과학과 인문학에도 적용될 수 있다. 예를 들어 AI는 새로운 분야인 디지털 인문학에 확실히 영향을 미쳐서 인간과 인간 사회에 관해 더 많은 것을 가르쳐 줄 것이다.

AI는 또한 사회적 관계와 더 광범위한 사회, 경제, 환경에 영향을 미친다(Jansen 외, 2018). AI는 인간의 상호작용을 형태 짓고 프라이버시에 영향을 미칠 가능성이 크다. 잠재적으로 편견과 차별을 증가시킬 것이라고들 한다. AI는 일자리의 상실로 이어지고 전체 경제를 변화시킬 것으로 예측된다. 부자와 가난한 사람, 힘 있는 자와 힘없는 자의 격차를 증가시켜서 불공정과 불평등을 가속화할 수도 있다. 군사 분야에서는 자동화된 살상 무기가 사용되는 등 전쟁 수행 방식을 바꾸어 놓을 수 있다. 또한 우리는 에너지 소비나 오염의 증가를 포함한 환경적 영향도 염두에 두어야 한다. 나중에 AI의 문제점과 위험에 초점을 맞춰서 일부 윤리적, 사회적 영향에 대해 좀 더 자세히 논의할 것이다. 하지만 AI는 긍정적인 결과도 가져올 수 있다. 예를 들어 소셜 미디어를 통해 새로운 커뮤니티를 만들고, 반복적이고 위험한 작업을 로봇이 대신하게 하고, 공급망을 개선하고, 물 사용량을 줄이는 등의 결과를 가져올 수 있다.

긍정적이든 부정적이든 영향과 관련하여 우리는 영향의 본성과 정도에 대해서만 질문해서는 안 된다. 누가 어떤 방식으로 영향을 받는지 질문하는 것도 중요하다. 특정 영향은 어떤 사람에게는 다른 사람보다 더 긍정적일 수 있다. 근로자, 환자, 소비자에서 정부, 투자자, 기업에 이르기까지 많은 이해관계자가 있으며, 이들 모두는 서로 다른 영향을 받을 수 있다. 그리고 이러한 이득과 AI의 영향에 대한 취약성의 차이는 국가 내에서뿐만 아니라 국가 간, 세계 지역 간에도 발생한다. AI는 주로 고도로 발전한 선진국에 혜택을 줄까? 아니면 교육 수준이 낮은 사람들이나 저소득층에게도 혜택을 줄 수 있을까? 누가 이 기술에 접근하고 그 혜택을 누릴 수 있을까? 누가 AI를 사용하여 스스로 역량을 강화할 수 있을까? 이러

누가 이 기술에 접근하고
그 혜택을 누릴 수 있을까?
누가 AI를 사용하여 스스로 역량을
강화할 수 있을까?
이러한 보상에서 배제되는 사람은
누구인가?

한 보상에서 배제되는 사람은 누구인가?

　이러한 질문을 제기하는 디지털 기술이 AI만은 아니다. 다른 **디지털 정보통신 기술** 또한 우리의 삶과 사회에 거대한 영향을 미친다. 앞으로 살펴보겠지만 AI의 일부 윤리적 문제는 AI에 특정한 것이 아니다. 예를 들어 다른 자동화 기술과도 유사점이 있다. 프로그램되어 있으나 AI로 여겨지지 않는 산업용 로봇을 생각해 보라. 그렇더라도 그런 로봇들로 인해 실업 사태가 빚어질 때는 사회적 결과를 초래한 것이다. 또한 AI의 문제 중 일부는 소셜 미디어 및 인터넷과 같이 AI와 연결된 기술과 관련이 있으며, 이러한 기술이 AI와 결합하면 새로운 도전을 제시한다. 가령 페이스북과 같은 소셜 미디어 플랫폼이 AI를 사용하여 사용자에 대해 더 많이 알게 되면 이는 프라이버시에 대한 우려를 불러일으킨다

　다른 기술과의 연계는 또한 AI가 종종 눈에 띄지 않음을 의미한다. 이는 애초에 AI가 이미 우리의 일상적 삶의 뿌리 깊은 일부가 되었기 때문이다. AI는 종종 알파고와 같은 새롭고 극적인 애플리케이션에 사용된다. 하지만 우리는 **이미** 소셜 미디어 플랫폼, 검색 엔진, 그리고 일상적인 경험의 일부분이 된 여타 미디어와 기술을 구동하고 있는 AI를 잊어서는 안 된다. AI는 어디에나 있다. 고유한 AI 기술과 다른 형태의 기술 사이의 경계가 흐려져서 AI가 보이지 않게 될 수 있다. 만약 AI 시스템이 기술 안에 내장되어 있으면 우리는 이를 알아차리지 못하는 경향이 있다. 그리고 만약 우리가 AI가 관련되어 있음을 알더라도 문제를 일으키거나 영향을 끼치는 것

이 AI인지, 아니면 AI와 연결된 다른 기술인지 말하기 어렵다. 어떤 의미에서 'AI'는 그 자체로 존재하지 않는다. AI는 항상 다른 기술에 의존하며 더 광범위한 과학과 기술적 실천과 절차에 내장되어 있다. AI가 그 자체로 특정한 윤리적 문제를 제기하기도 하지만 모든 'AI 윤리'는 디지털 정보와 통신 기술, 컴퓨터 윤리 등 보다 일반적인 윤리와 연결될 필요가 있다.

그 자체로 존재하는 AI는 없다는 말의 또 다른 의미는 기술이 항상 사회적이며 인간적이라는 것이다. AI는 기술에 관한 것일 뿐 아니라, 인간이 그것으로 무엇을 하는지, 어떻게 그것을 사용하는지, 어떻게 그것을 지각하고 경험하는지, 어떻게 그것을 더 넓은 사회적·기술적 환경에 내장시키는지에 관한 것이다. 이는 인간의 결정에 관한 것이기도 한 윤리학에 중요하며, 윤리학이 역사적·사회적·문화적 관점도 포함할 필요가 있음을 의미한다.

현재 AI에 대한 미디어의 과장이 첨단 기술에 대해 처음 등장한 과장은 아니다. AI 이전에는 '로봇' 또는 '기계'가 핵심 키워드였다. 그리고 핵 기술, 나노 기술, 인터넷, 생명공학 등 다른 첨단 기술에 관해서도 많은 논쟁이 있었다. AI 윤리를 논의할 때 이를 염두에 둘 가치가 있다. 이러한 논쟁에서 아마도 우리가 무언가를 배울 수 있기 때문이다. 기술의 사용과 개발은 사회적 맥락에서 이루어진다. 기술 평가에 종사하는 사람들이라면 알겠지만 기술은 새로운 것일 때 논란이 커지는 경향이 있지만, 일단 일상생활에 자리 잡으면 과장과 논란은 크게 줄어든다. AI도 마찬가지일 가능성이 크다. 이러

우리는 이미 소셜 미디어 플랫폼,
검색 엔진, 그리고 일상적인 경험의
일부분이 된 여타 미디어와
기술을 구동하고 있는 AI를
잊어서는 안 된다.
AI는 어디에나 있다.

한 예측이 AI의 윤리적 측면과 사회적 결과를 평가하는 작업을 포기할 좋은 이유는 아니지만, 이는 우리가 AI를 맥락 속에서 살피고 그럼으로써 그것을 더 잘 이해하는 데 도움이 된다.

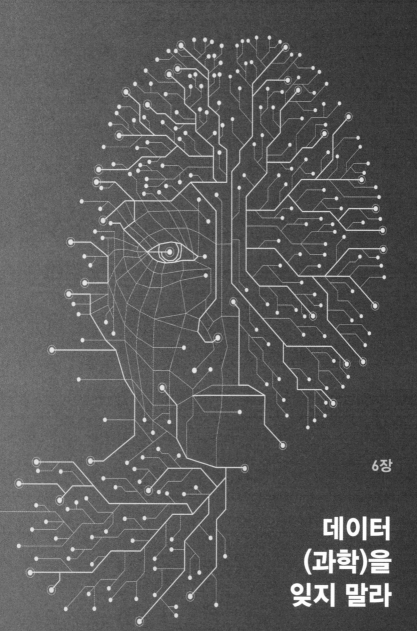

6장

데이터
(과학)을
잊지 말라

기계학습

AI에 관한 많은 윤리적 질문은 전적으로건 부분적으로건 기계학습과 관련 데이터 과학에 기반을 둔 기술에 관련된 것이므로 그 기술과 과학을 자세히 들여다볼 필요가 있다.

기계학습machine learning은 '학습'할 수 있는 소프트웨어를 가리킨다. 이 용어에는 논란의 여지가 있다. 어떤 사람들은 기계학습에는 진짜 인지가 없으므로 진정한 학습이 아니며, 오직 인간만이 학습할 수 있다고 말한다. 어쨌든 지금의 기계학습은 "인간의 머릿속에서 일어날 수 있을 법한 일과 거의, 아니 전혀 유사하지 않다"(Boden, 2016). 기계학습은 통계에 기반을 둔 통계적 프로세스다. 다양한 작업에 사용할 수 있지만 기본 작업은 대개 패턴 인식이다. 알고리듬은 데이터에서 패턴이나 규칙을 확인하고 이런 패턴이나 규칙을 사용하여 데이터를 설명하며 향후의 데이터를 예측할 수 있다.

기계학습은 프로그래머가 직접적인 지시나 규칙을 부여하지 않고 일어난다는 의미에서 자율적으로 수행된다. 전문가가 프로그래머에게 규칙들을 설명해 주면 프로그래머가 그 규칙들을 코딩하는 식으로 해당 분야의 인간 전문가에 의존하는 전문가 시스템과 달리, 기계학습 알고리듬은 프로그래머가 명시하지 않은 규칙이나 패턴을 찾아낸다. 목표나 과제만 부여된다. 소프트웨어는 과제의 요구 사항에 더 잘 들어맞도록 자신의 동작을 조정할 수 있다.

예를 들어 기계학습은 수많은 메시지를 검토하고 무엇을 스팸으로 보는지 학습하여 스팸과 중요한 이메일을 구분하는 데 도움을 줄 수 있다. 또 다른 예로 고양이 이미지를 인식하는 알고리듬을 구축하기 위해 프로그래머는 컴퓨터에 고양이가 무엇인지 정의하는 일군의 규칙을 제공하는 대신 알고리듬이 자체적으로 고양이 이미지 모델을 만들게 한다. 이 알고리듬은 고양이와 비非고양이 이미지 세트에 대해서 가장 높은 예측 정확도에 도달하도록 최적화될 것이다. 그런 식으로 알고리듬은 고양이 이미지가 무엇인지 학습하는 것을 목표로 삼는다. 인간은 피드백을 제공하지만 구체적인 지침이나 규칙을 제공하지는 않는다.

과학자들은 데이터를 설명하고 예측하기 위해 이론을 만들지만, 기계학습에서는 컴퓨터가 데이터에 들어맞는 모델을 스스로 만들어 낸다. 출발점은 이론이 아니라 데이터다. 이런 의미에서 데이터는 더는 "수동적"이지 않고 "능동적"이며, "다음에 수행할 작업을 정의하는 것은 데이터 자체"다(Alpaydin, 2016). 연구자들이 기존 데이터 세트(예를 들면 오래된 이메일)를 사용하여 알고리듬을 훈련시키고 나면 알고리듬은 새로운 데이터(예를 들면 새로 들어온 이메일)로부터 결과를 예측할 수 있다(CDT, 2018). 대량의 정보(빅데이터)에서 패턴을 확인하는 것을 땅에서 귀중한 광물을 추출하는 것에 비유하여 '데이터 마이닝'이라고도 부른다. 하지만 목표는 데이터 자체를 추출하는 것이 아니라 데이터에서 패턴을 추출하고 데이터를 분석하는 것이기 때문에 이 용어는 오해의 소지가 있다.

기계학습은 **지도받을 수 있으며**supervised learning, 이는 알고리듬이 예측 대상으로 지정된 특정 변수에 초점을 맞춘다는 의미다. 예를 들어 사람들을 범주들(가령 보안 위험이 큰 사람, 적은 사람)로 분류하는 것이 목표라면 그런 범주들을 예측하는 변수가 이미 알려져 있으므로 알고리듬은 범주 구성원(보안 위험이 큰 혹은 적은)을 예측하는 방법을 학습한다. 프로그래머는 해당하는 사례와 해당하지 않는 사례를 제공하여 시스템을 훈련한다.

예를 들어 보안 위험이 큰 사람들과 그렇지 않은 사람들의 이미지 사례를 각각 제공하는 것이다. 그래서 목표는 그 시스템이 새로운 데이터를 대상으로 누가 어떤 범주에 속하는지, 누가 큰 보안 위험을 드러내고 누가 그렇지 않은지 예측하는 방법을 학습하는 것이다. 시스템에 충분한 사례를 주면 시스템은 그런 사례들로부터 일반화하여 이를테면 공항 보안 검색대를 통과하는 승객의 새로운 이미지 등과 같은 새로운 데이터를 범주화하는 방법을 알 수 있게 될 것이다.

비非**지도 학습**은 그런 종류의 훈련이 수행되지 않고 범주들이 알려지지 않는다는 의미다. 알고리듬이 자체적으로 클러스터를 만든다. 예를 들어 AI는 프로그래머가 제공한 것이 아니라 스스로 선택한 변수들을 기반으로 자체 보안 범주들을 만든다. AI는 해당 분야 전문가(여기서는 보안 담당자)가 아직 식별하지 못한 패턴을 발견할 수 있다. AI가 만든 범주들은 인간에게는 상당히 자의적으로 보일 수 있다. 어쩌면 말이 안 되는 범주들일 수도 있다. 하지만 통계적으로는 그런 범주들이 확인될 수 있다. 때로는 그런 범주가 말이 되기도 하며, 그래서 이 방법이 실제 세계의 범주들에 대한 새로운 지식을 제공해 줄 수 있다.

마지막으로 출력이 좋은지 나쁜지를 표시해 줌으로써 **강화 학습**reinforcement learning이 이루어진다. 이는 보상과 처벌에 비유된다. 프로그램은 어떤 행동을 취해야 하는지 지시받는 것이 아니라, 반복 처리를 통해 어떤 행동이 보상을 불러오는지 '학습'한다. 보안을 사례로 들자면 시스템은 보안 담당자로부터 (제공된 데이터를 통해) 피드백을 받음으로써 자신이 특정 예측을 했을 때 잘한 일인지 아닌지를 '알게' 된다. 보안 위험이 적을 것으로 예측된 사람이 아무런 보안 문제를 일으키지 않았다면 시스템은 그 출력이 좋았다는 피드백을 받고 이를 통해 '학습'한다. 항상 일정 비율의 오류가 존재한다는 점에 유의하라. 즉 시스템이 100퍼센트 정확할 수는 없다. 또한 '지도', '비지도'라는 전문 용어는 그 기술의 사용에 인간이 얼마나 많이 관여하느냐와는 거의 관련이 없다는 점에도 유의하라. 알고리

우리는 모두
소셜 미디어를 사용하거나
온라인에서 물건을 구매할 때처럼
디지털 활동을 하면서
데이터를 생성한다.

듣에 어느 정도의 자율성이 부여되지만 세 경우 모두 인간이 다양한 방식으로 관여한다.

이는 AI의 데이터 측면에서도 마찬가지이며, 여기에는 이른바 빅데이터도 포함된다. 빅데이터에 기반한 기계학습은 대량의 데이터를 이용할 수 있고 (더 저렴해진) 컴퓨터의 성능이 향상되면서 많은 관심을 받고 있다. 일부 연구자들은 '데이터 지진dataquake'을 이야기한다(Alpaydin, 2016). 우리는 모두 소셜 미디어를 사용하거나 온라인에서 물건을 구매할 때처럼 디지털 활동을 하면서 데이터를 생성한다. 이러한 데이터는 상행위 당사자뿐만 아니라 정부와 과학자에게도 관심의 대상이다. 조직이 데이터를 수집하고 저장하고 처리하는 일은 그 어느 때보다도 쉬워졌다(Kelleher and Tierney, 2018). 이는 비단 기계학습 때문만은 아니다. 더 광범위한 디지털 환경과 기타 디지털 기술이 여기서 중요한 역할을 한다. 온라인 애플리케이션과 소셜 미디어는 사람들로부터 데이터를 쉽게 수집할 수 있게 해 준다. 또한 데이터를 저장하는 데 드는 비용도 저렴해지고 컴퓨터의 성능도 더 강력해졌다. 이 모든 요인이 AI의 전반적 발전뿐만 아니라 데이터 과학에도 중요한 역할을 해 왔다.

데이터 과학

따라서 기계학습은 **데이터 과학**과 연결된다. 데이터 과학의 목표는 데이터 세트에서 의미 있고 유용한 패턴을 추출하는 것이며, 오늘날 그러한 데이터 세트는 방대하다. 기계학습은 이러한 방대한 데이터 세트를 자동으로 분석할 수 있다. 기계학습과 데이터 과학은 통계학에 기반을 둔 것으로서, 통계학의 요점은 특정 관찰로부터 일반적인 서술로 나아가는 문제를 다루는 것이다. 통계학자는 통계 분석을 통해 데이터에서 상관관계를 찾는 일에 관심이 있다. 통계 모델은 입력과 출력 사이의 수학적 관계를 찾는데, 기계학습 알고리듬이 바로 이 작업을 돕는다.

하지만 데이터 과학은 단지 기계학습을 통한 데이터 분석만이 아닌 그보다 더 많은 일에 관여한다. 데이터가 모이고 준비되어야 비로소 분석이 이루어질 수 있으며, 그런 다음에는 분석 결과가 해석되어야 한다. 데이터 과학이 찾아내야 할 것에는 다음과 같은 것이 있다. 데이터를 획득하고 점검하는 방법(예를 들면 소셜 미디어와 웹에서 얻은), 충분한 데이터를 확보하는 방법, 여러 데이터 세트를 한데 모으는 방법, 데이터 세트를 재구성하는 방법, 관련 데이터 세트를 선택하는 방법, 어떤 종류의 데이터가 사용되는지 확인하는 것 등등. 따라서 문제의 고안, 데이터 획득, 데이터 준비(알고리듬이 훈련할 데이터 세트와 알고리듬이 적용될 데이터 세트), 학습 알고리듬의 생성 또는 선택, 결과 해석, 취할 행동의 결정 등 모든 단계에서 여전히 인간이 중요한 역할을 담당한다(Kelleher and Tierney, 2018).

이 프로세스의 모든 단계마다 과학적 과제가 등장하며, 비록 소프트웨어를 사용하는 일은 쉬울 수 있을지 몰라도 그러한 과제를 다루려면 인간의 전문 지식이 필요하다. 대개는 사람들 사이의 협업도 필요하다. 예를 들면 데이터 과학자와 엔지니어가 협업하는 것이다. 항상 실수가 발생할 수 있으며, 인간의 선택, 지식, 해석이 매우 중요하다. 여기서 의미 있게 해석하고 다양한 요인과 관계를 찾는 방향으로 기술을 유도하기 위해서는 인간이 필요하다. 보덴(Boden, 2016)이 지적했듯이 AI는 우리처럼 어떤 관련성을 이해하는 능력이 부족하다. 또한 이해력, 경험, 감수성, 지혜도 부족하다는 점도 덧붙여야 한다. 이는 이론적으로나 원칙적으로나 인간이 개입해야 하는 이유를 보여 주는 좋은 논거다.

그러나 이 구도에서 인간이 배제되지 않음을 입증하는 경험적인 논거도 있다. 즉 실제로 인간이 관여되어 있다는 것이다. 프로그래머와 데이터 과학자가 없으면 그 기술은 제대로 작동하지 않는다. 더 나아가 인간의 전문성과 AI가 결합하는 일도 흔하다. 예를 들면 AI가 추천하는 암 치료법을 사용하는 의사가 그러면서도 전문가로서 자신의 경험과 직관에도 같이 의존하는 경우다. 인간의 개입이 배제되면 일이 잘못되거나, 말이 안 되거나, 그냥 우스꽝스러운 일이 벌어질 수 있다.

예를 들어 통계학에서 잘 알려진 문제이고, 따라서 기계학습 AI의 사용에도 영향을 미치는 다음과 같은 문제, 즉 상관관계가 반드시 인과관계는 아니라고 하는 문제를 생각해 보라. 타일러 비겐Tyler Vigen의 저서 『허위상관』(2015)에서 이에 관한 좋은 사례를 찾아볼 수 있다. 통계학에서 허위상관이란 실제로는 인과적으로 관계가 없는 변수들임에도 그 변수들 사이에 인과관계가 있어 보일 수 있는 경우를 말한다. 그런 상관관계는 눈에 보이지 않는 제3의 요인이 있는 데서 기인한다. 예를 들어 메인주의 이혼율과 1인당 마가린 소비량 간의 상관관계 또는 1인당 모차렐라 치즈 소비량과 토목공학 박사학위 수여 건수 간의 상관관계가 그런 사례다.[1] AI가 그런 상관관계들을 찾아낼 수 있겠지만, 인과관계를 규명하기 위해 추가 연구가 필요한 경우가 어떤 것인지 결정하려면 인간이 필요하다.

게다가 데이터를 모으고 데이터 세트를 설계하거나 생성하는 단계에서 이미 우리는 현실로부터 어떻게 추상할 것인지 선택하고 있다(Kelleher and Tierney, 2018). 현실로부터의 추상은 결코 중립적이지 않으며, 그런 추상 자체는 현실이 아니다. 그것은 하나의 표상, 즉 현실의 재현일 뿐이다. 그것은 제시된 특정 목적하에서 그 표상이 얼마나 훌륭하고 적절한지 논의할 수 있다는 것을 의미한다.

이를 지도와 비교해 보라. 지도 자체가 그 지역은 아니며, 특정 목적(예를 들면 자동차 내비게이션용 지도와 하이킹용 지형도 중에서)을 위해 지도를 설계할 때 인간은 여러 가지를 선택한다. 기계학습에서 통계적 방법을 이용한 추상은 현실의 모델을 만드는 것이며, 그 모델이 곧 현실은 아니다. 여기에도 역시 선택들이 들어간다. 데이터에서 패턴 또는 규칙으로 나아가는 통계적 연산을 제공하는 알고리듬 자체에 관한 선택뿐만 아니라, 학습 알고리듬이 훈련할 데이터 세트를 설계하는 데 관련된 선택 등이 거기에 해당한다. 기계학습의 그런 선택의 측면, 즉 인간적 측면은 선택이 이루어진 것들에 대해 우리가 비판적인 의문을 제기할 수 있고 또 그래야 한다는 것을 의미한다. 예를 들면 훈련 데이터 세트가 모집단을 대표할 수 있는가? 데이터에 어떤 편향이 내재해 있지는 않은가? 다음 장에서 살펴보겠지만 이러한 선택과 쟁점은 단순한 기술적 질문이 아니며, 거기에는 매우 중요한 윤리적 요소도 포함되어 있다.

응용

기계학습과 데이터 과학은 수없이 응용되고 있으며, 이미 그중 일부를 AI라는 더 일반적인 제목 아래 언급한 바 있다. 이 기술들은 안면을 인식하고(안면 분석을 기반으로 한 감정의 인식까지 포함하여), 검색 제안을 내놓고, 자동차를 운전하고, 성격을 예측하고, 재범을 저지를 사람을 예측하고, 들을 음악을 추천하는 등에 사용될 수 있다. 영업과 판촉에서는 제품과 서비스를 추천하는 데 사용된다. 예를 들어 내가 아마존에서 물건을 살 때 이 사이트는 나에 대한 데이터를 수집할 것이며, 모든 고객의 데이터를 통해 얻은 통계 모델을 기반으로 추천 상품을 제시할 것이다. 월마트는 매장 내 도난 방지를 위해 안면 인식 기술을 시험적으로 도입했다. 나중에는 같은 기술을 이용하여 쇼핑객이 만족하는지 실망하는지를 판단할 수도 있을 것이다.

이 기술은 금융 분야에서도 다양하게 응용되고 있다. 신용 조

회 기관인 익스페리언Experian은 기계학습 AI와 함께 일한다. 이 AI
는 거래 명세와 법정 소송 관련 데이터를 분석하여 주택담보대출
신청자에게 자금을 대출해 줄 것인지 말 것인지 추천한다. 신용카
드 회사 아메리칸 익스프레스는 사기 거래를 예측하기 위해 기계학
습을 사용한다. 교통 분야에서는 자율 주행 자동차 개발에 AI와 빅
데이터가 사용된다. 예를 들어 BMW는 일종의 이미지 인식 기술
을 사용하여 자동차의 센서와 카메라를 통해 들어온 데이터를 분석
한다. 의료 분야에서 기계학습 AI는 암을 진단하거나(예를 들면 방사
선 검사 결과를 분석하여 암을 분석한다) 전염병 탐지에 도움을 줄 수 있
다. 딥마인드의 AI는 안구 검사와 환자 데이터에서 나온 100만 개
의 이미지를 분석하여 퇴행성 안구 질환의 징후를 진단할 수 있게
스스로 훈련했다. IBM의 왓슨Watson은 제퍼디 게임에 참여하는 것
을 넘어서 암 치료 방법을 추천하는 데까지 활용되고 있다. 웨어러
블 모바일 스포츠와 헬스 장비도 기계학습 애플리케이션들에 활용
할 데이터를 제공한다. 저널리즘 분야에서는 기계학습이 뉴스 기사
를 작성할 수 있다. 예를 들어 영국 통신사 PAPress Association는 봇에
게 지역 뉴스 기사 작성을 맡긴다.

　　AI는 또한 데이터를 모으는 로봇이나 자연어 처리와 연결된 대
화형 보조 장치 등의 형태로 가정과 사적 영역에도 진출하고 있다.
'헬로 바비Hello Barbie'는 녹음된 대화를 분석하는 자연어 처리를 기
반으로 아이들과 대화를 나눈다. 아이들이 말하는 모든 내용은 토
이토크ToyTalk의 서버에 기록되고, 저장되고, 분석된다. 그런 다음 응

답이 장치로 전송된다. 헬로 바비가 사용자에 관하여 '학습한' 내용을 기반으로 대답하는 것이다. 페이스북은 딥러닝 기술과 신경망을 사용하여 약 20억 명의 플랫폼 사용자가 생성한 비정형 데이터를 정형화하고 분석한다. 이를 통해 회사가 타깃 광고를 제공하는 데 도움을 얻는다. 인스타그램은 기업에 광고를 팔기 위해 8억 명의 사용자 이미지를 분석한다. 넷플릭스는 고객 데이터를 분석하는 추천 엔진을 사용하여 이제는 콘텐츠 유통업체에서 콘텐츠 제작업체로 변모하고 있다. 사람들이 무엇을 보고 싶어 하는지 예측할 수 있다면 그 콘텐츠를 직접 제작하여 수익을 창출할 수 있지 않겠는가. 데이터 과학은 요리에도 활용되고 있다. 예를 들어 IBM의 '셰프 왓슨Chef Watson'은 약 1만 개의 조리법을 분석하여 새로운 재료 조합을 제안하는 자체 조리법을 만들어 낸다.[2] AI 기계학습은 교육, 채용, 형사 사법 제도, 보안(예를 들면 예측 치안 유지), 음악 검색, 사무실 업무, 농업, 군사 무기 등에도 활용될 수 있다.

　　예전에는 통계학이 그다지 매력적이지 않은 분야로 여겨졌다. 오늘날에는 데이터 과학의 한 부분이자 빅데이터와 함께 작동하는 AI의 형태로 모습을 드러내는 통계학이 뜨거운 인기를 누린다. 새로운 마법과도 같다. 언론이 이야기하기 좋아하는 소재이기도 하다. 그리고 그것은 거대한 사업이다. 어떤 이들은 새로운 종류의 골드러시를 이야기하며 기대를 높인다. 게다가 이러한 종류의 AI는 공상과학소설이나 사변이 아니다. 사례들이 보여 준 바대로 이른바 협소하거나 약한 AI는 이미 우리 주변에 있으며, 널리 퍼져 있다. 잠

예전에는 통계학이
그다지 매력적이지 않은 분야로
여겨졌다.
오늘날에는 데이터 과학의
한 부분이자 빅데이터와 함께
작동하는 AI의 형태로
모습을 드러내는 통계학이
뜨거운 인기를 누린다.
새로운 마법과도 같다.

재적 영향력의 차원에서 말하자면 협소하거나 약한 것이란 없다. 따라서 기계학습 및 기타 AI 기술과 그것의 응용에서 제기되는 많은 윤리적 쟁점을 분석하고 논의하는 것이 시급하다. 그것이 다음 장의 주제다.

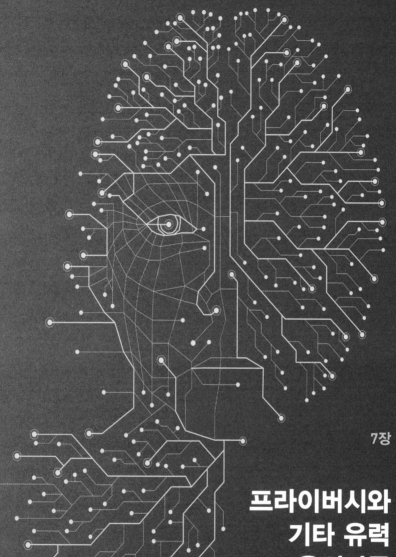

7장

**프라이버시와
기타 유력
용의자들**

프라이버시와 데이터 보호

AI와 관련한 많은 윤리적 문제는 로봇공학과 자동화의 윤리 영역 혹은 더 일반적으로는 디지털 정보와 통신 기술의 윤리 영역을 통해 알려져 있다. 하지만 그렇다고 해서 그 중요성이 덜해지는 것은 아니다. 더욱이 그 기술 및 그것이 다른 기술과 연결되는 방식으로 인해 그런 기존 쟁점들이 새로운 차원으로 접어들면서 훨씬 더 시급한 문제가 되었다.

예를 들어 프라이버시와 데이터 보호를 생각해 보라. AI, 특히 빅데이터로 작업하는 기계학습 애플리케이션들은 대개 개인 정보를 수집하고 사용하는 활동을 수반한다. AI는 또한 길거리뿐만 아니라 직장에서도, 그리고 스마트폰과 소셜 미디어를 통해 어디에서나 감시에 사용될 수 있다. 사람들은 데이터를 모으고 있다는 사실이나 자신이 어떤 한 맥락에서 제공한 데이터를 다른 맥락에서 제삼자가 사용한다는 사실조차 모르는 경우가 많다. 빅데이터는 또한 여러 조직에서 얻은 데이터(세트들)가 결합하고 있음을 의미하기도 한다.

AI를 윤리적으로 사용하려면 개인의 프라이버시, 당사자가 자기 데이터에 무슨 일이 일어나는지 알 권리, 자기 데이터에 접근할 권리, 자기 데이터의 수집 또는 처리에 이의를 제기할 권리, 자기 데이터가 수집되어 처리되고 있으며 그런 다음 (응용 가능할 경우) AI가 내리는 결정의 대상이 된다는 것을 알 권리를 존중하는 방식으로 데이터가 수집되고, 처리되고, 공유되어야 한다. 이러한 쟁점 가운데 상당수는 다른 정보 통신 기술에서도 발생하며, 앞으로 보겠지만 그러한 경우에서도 투명성은 중요한 요건이다(이 장의 뒷부분을 보라). 또한 데이터 보호 관련 쟁점은 예를 들면 사회과학 연구에 필요한 데이터 수집 윤리 같은 연구 윤리에서도 발생한다.

하지만 오늘날 AI가 사용되는 맥락을 고려할 때 이러한 프라이버시와 데이터 보호 쟁점은 점점 더 문젯거리가 되어 가고 있다. 사회과학자로서 설문 조사를 수행할 때 이러한 가치와 권리를 존중하는 일은 비교적 쉽다. 응답자에게 사실을 알리고 명시적으로 동의를 구할 수 있으며, 그 데이터에 어떤 일이 일어날지를 비교적 명확하게 알 수 있기 때문이다. 그러나 오늘날 AI와 데이터 과학이 활용되는 환경은 보통은 매우 다르다. 소셜 미디어를 생각해 보라. 프라이버시 정보가 있고 사용자의 동의를 구하는 애플리케이션들이 있음에도 불구하고 사용자들에게는 자기 데이터에 무슨 일이 벌어지는지, 아니 대체 어떤 데이터가 수집되는지조차 분명하지 않다. 해당 애플리케이션을 사용해서 혜택을 받고 싶다면 그냥 동의해야 할 뿐이다. 또한 사용자는 자신이 사용하는 애플리케이션을 AI가 구동하고 있다는 사실조차 모르는 경우가 많다. 또한 어떤 한 맥락에서 제공된 데이터가 다른 영역으로 옮겨져 다른 목적으로 사용되는 경우(데이터 용도 변경)도 흔하다. 예를 들면 회사가 데이터를 다른 회사에 판매하거나, 한 회사 내에서 부서들 사이에 사용자 모르게 데이터가 이동하는 경우다.

조작, 착취, 취약한 사용자

마지막에 언급한 현상은 사용자가 조작과 착취의 위험에 처해 있음을 말해 준다. AI는 우리가 무엇을 사는지, 어떤 뉴스를 팔로우하는지, 누구의 의견을 신뢰하는지 등을 조작하는 데 사용된다. 비판이론 연구자들은 소셜 미디어 사용이 이루어지는 자본주의적 맥락을 지적해 왔다. 예를 들어 소셜 미디어 사용자들은 기업을 위해 데이터를 생산함으로써 무료 '디지털 노동'(Fuchs, 2014)을 수행한다고 말할 수 있다. 이런 형태의 착취에는 AI도 연루될 수 있다. 소셜 미디어 사용자로서 우리는 데이터를 분석하는 AI를 위해, 그리고 결국은 그 데이터를 사용하는 회사들을 위해(그런 회사들에는 흔히 제삼자들도 포함된다) 데이터를 생산하는, 무보수로 착취당하는 노동력이 될 위험이 있다.

　이는 또한 1960년대에 허버트 마르쿠제Herbert Marcuse가 우리에게 했던 경고를 떠올리게 한다. 이른바 '자유롭고' '비전체주의적인' 사회조차도 각자 고유한 지배 형태, 특히 소비자 착취의 형태가 존재한다는 것이다(Marcuse, 1991). 여기서 위험은 오늘날의 민주주의 사회에서도 AI가 새로운 형태의 조작, 감시, 전체주의로 이어질 수 있으며, 반드시 권위주의 정치의 형태가 아니더라도 더 은밀하되 대단히 효과적인 방식으로 그렇게 될 수 있다는 것이다. 이를테면 우리 모두를 데이터 짜내기용 스마트폰 가축으로 만드는 방식으로 경제를 변화시키는 것이다.

　그러나 AI는 더 직접적으로 정치를 조작하는 데 사용될 수도 있다. 예를 들면 소셜 미디어 데이터를 분석하여 정치 캠페인을 돕거나(2016년 미국 대선에서 케임브리지 애널리티카Cambridge Analytica라는 회사가 정치적 목적으로 페이스북 사용자의 데이터를 동의 없이 사용한 유명한 사례에서처럼) 혹은 투표에 영향을 미치기 위해서 봇이 사람들의 정치적 선호도 관련 데이터를 분석하여 소셜 미디어에 정치적 메시지들을 게시한 경우다. 또한 일부에서는 AI가 인간의 인지 작업을 넘겨받아 '스스로 사고하거나 무엇을 해야 할지 스스로 결정할 수 있는 사람의 능력을 떨어뜨림으로써' AI 사용자를 아이처럼 만들 수 있다고 우려한다(Shanahan, 2015).

　더구나 착취의 위험은 사용자 측에만 있는 것도 아니다. AI는 어딘가에서 사람이 만든 하드웨어에 의존하며, 이러한 하드웨어 생

AI는 새로운 형태의 조작, 감시,
전체주의로 이어질 수 있으며,
반드시 권위주의 정치의 형태가
아니더라도 더 은밀하되
대단히 효과적인 방식으로
그렇게 될 수 있다.

산에는 그런 사람들에 대한 착취가 포함될 수 있다. 또한 알고리듬의 훈련 및 AI를 위하거나 AI에 의해 사용되는 데이터 생산 과정에서도 착취가 발생할 수 있다. AI는 사용자의 삶을 편하게 해 줄 수 있지만, 광물을 채굴하고 인터넷 쓰레기e-waste를 처리하며 AI를 훈련하는 사람들에게는 그렇지 않을 수 있다. 예를 들어 아마존 에코의 '알렉사'는 단지 무보수 노동을 하면서 데이터의 자원이 되어 상품으로 판매되는 사용자를 만들어 내는 것만이 아니다. 그 무대의 뒷면에는 또한 인간 노동의 세계가 숨겨져 있다. 채굴자들, 운송 노동자, 데이터 세트에 라벨을 붙이는 클릭 노동자 등 이 모두가 극소수 사람들의 자본 축적을 위해 봉사한다(Schwab, 2018).

일부 AI 사용자는 다른 이들보다 더 취약하다. 프라이버시와 착취 관련 이론에서는 사용자가 자율적이고 비교적 젊고 건강한 성인이며 정신 능력이 온전한 사람이라고 가정하는 경우가 많다. 하지만 현실 세계는 어린이, 노인, '정상적 혹은 온전한' 정신 능력을 갖추지 못한 사람 등도 거주하는 곳이다. 이러한 취약한 사용자들은 위험에 더 많이 노출되어 있다. 이들의 프라이버시는 더 쉽게 침해될 수 있고, 더 쉽게 조작될 수 있다. 그리고 AI가 그런 침해와 조작이 일어날 새로운 기회를 제공한다. AI를 탑재한 기술적 시스템에 연결된 인형과 채팅하는 아이를 생각해 보라. 아이는 자신의 개인 정보에 무슨 일이 벌어지고 있는지는 물론이고, 아예 AI가 사용되고 있다는 사실이나 데이터가 수집되고 있다는 사실조차 모를 가능성이 매우 크다. AI 기반 챗봇이나 인형은 이러한 방식으로 아이와 부모에 대한 수많은 개인 정보를 수집할 수 있을 뿐만 아니라, 언어와 음성 인터페이스를 사용하여 아이를 조종할 수도 있다. AI가 '장난감 인터넷'(Druga and Williams, 2017)과 '(다른) 사물 인터넷'의 일부가 될 때 이것은 곧 윤리적, 정치적 문제이기도 하다. 전체주의의 유령이 또다시 돌아온다. 다만 이번에는 디스토피아 공상과학소설이나 언뜻 보기에 철 지난 전후 악몽으로서가 아니라 이미 시장에 나와 있는 소비자 기술 안에서 등장하는 것이다.

가짜 뉴스, 전체주의의 위험성, 그리고 개인 관계에 미치는 영향

AI는 또한 혐오 발언과 허위 정보를 생산하거나, 혹은 사람처럼 보이지만 사실은 AI 소프트웨어인 봇들을 제작하는 데도 사용될 수 있다. 이미 챗봇 테이와 오바마의 가짜 연설에 대해 언급했다. 이로 인해 무엇이 진실이고 무엇이 거짓인지가 더는 명확하지 않은, 사실과 허구가 뒤섞인 세상이 올 수도 있다. 이를 '포스트 트루스'(탈진실)라고 불러야 하든 아니든(McIntyre, 2018) AI의 그러한 응용이 분명히 그 문제에 기여하고 있다.

물론 AI 이전에도 허위 정보와 조작은 존재했다. 예를 들어 영화는 늘 환상을 만들어 냈고, 신문은 선전 선동을 퍼뜨렸다. 하지만 인터넷과 디지털 소셜 미디어의 여러 가능성과 환경이 AI와 결합하면서 문제의 심각성은 더욱 커질 것으로 보인다. 비판적 사고를 위험에 빠뜨리면서 조작의 기회는 더 많아질 것 같다. 이 모든 것이 다시 한번 전체주의의 위험성을 상기시켜 준다. 전체주의는 진실을 혼란하게 만들어서 이익을 얻으며 이념적 목적으로 가짜 뉴스를 만들어 낸다.

하지만 자유주의 유토피아 세상이라 해도 상황이 그렇게 밝지만은 않을 수 있다. 허위 정보는 신뢰를 부식시키고 사회구조를 훼손한다. 기술 남용은 사람들 간의 접촉을 줄이거나, 아니면 적어도 의미 있는 접촉을 감소할 수 있다. 컴퓨터나 로봇 같은 기술들과 관련하여 셰리 터클(Sherry Turkle, 2011)은 우리는 결국 기술에는 더 많은 것을 기대하지만 서로에게는 덜 기대하게 된다고 주장한 바 있다. 이는 소셜 미디어나 디지털 '동반자'의 형태로 등장한 AI가 우리에게 동반자 관계라는 환상을 심어 주는 데 반해 친구, 연인, 가족과의 진정한 관계는 불안정하게 만들 수 있다는 우려다. 이러한 걱정은 이미 AI 이전에도 있었고 새로운 매체가 등장할 때마다(대화를 나누는 대신 신문을 읽거나 텔레비전을 시청하는 등과 같은) 급증하는 경향이 있었다. 하지만 오늘날 그 주장은 AI를 동반한 기술이 동반자 관계라는 환상을 만드는 데 훨씬 **더** 뛰어나며, 이로 인해 외로움이나 인간관계를 악화할 위험이 커졌다는 말일 수 있다.

눈에 더 잘 보이는 위험도 있다. 특히 물리적 세계에서 작동하는 하드웨어 시스템에 AI를 내장했을 때는 **안전**도 담보되어야 한다. 예를 들어 산업용 로봇을 생각해 보라. 산업용 로봇이 작업자에게 해를 끼치는 일은 없게 해야 한다. 하지만 때때로 공장에서 사고가 발생하기도 한다. 비교적 드물기는 하지만 로봇이 사람을 죽일 수도 있다. 하지만 AI 로봇의 경우에는 안전이 더 도전적인 과제가 된다. 그런 로봇들은 인간과 더 긴밀하게 작업할 수 있고, 인간에게 해를 입히는 일을 '지능적으로' 피할 수 있을 것이다. 하지만 그 말이 정확히 무슨 뜻일까? 사람 가까이에서는 더 느리게 동작해서 작업 속도를 늦춰야 한다는 것일까, 아니면 그런 로봇은 작업을 효율적으로 수행하기 위해 빠른 속도로 동작해도 괜찮다는 것일까?

무언가 잘못될 수 있는 위험은 항상 존재한다. 안전의 윤리는 절충의 문제여야 할까? 가정환경이나 공공장소에 있는 AI 로봇들도 안전 문제를 일으킬 수 있다. 예를 들어 로봇이 사람과 부딪히지 않도록 항상 피하게 해야 할까, 아니면 목표 달성을 위해 때때로 사람을 방해해도 무방할까? 이는 단지 기술적 쟁점이 아니다. 여기에는 윤리적 요소도 포함되어 있다. 자유와 효율성 같은 인간 삶과 가치에 관한 쟁점이기도 한 것이다. 또한 책임 문제도 제기된다(이에 대해서는 아래에서 더 설명할 것이다).

AI가 무대에 등장하기 전부터도 이미 존재했으나 새로이 주목

해야 할 또 다른 문제는 **보안**이다. 네트워크로 연결된 세상에서는 모든 전자 기기나 소프트웨어가 악의적인 의도를 가진 사람들에 의해 해킹되고, 침입받고, 조작될 수 있다. 예를 들어 우리의 컴퓨터를 엉망으로 만들 수 있는 바이러스에 대해서는 누구나 잘 알고 있다. 하지만 AI를 탑재했을 때 우리의 기기나 소프트웨어는 더 많은 일을 할 수 있으며, 그것들이 더 많은 '행위주체성_agency'을 얻어서 현실 세계에 물리적 결과를 초래했을 때 보안 문제는 훨씬 더 커진다.

예를 들어 AI 기반 자율 주행차가 해킹당하면 단순히 '컴퓨터 문제'나 '소프트웨어 문제'가 발생하는 정도가 아니라 사람이 죽을 수 있다. 또한 인터넷, 수도, 에너지 등 중대한 인프라 시설의 소프트웨어나 살상 능력을 지닌 군사 장비 소프트웨어가 해킹되면 사회 전체가 혼란에 빠지고 많은 사람이 해를 입게 될 것이다. 군사적인 응용에서 자율 살상 무기의 사용은 명백한 보안 위험을 초래한다. 특히 그런 무기의 표적이 되는 사람들(일반적으로 서방 사람들이 아니다)에게는 물론이지만, 무기를 배치하는 사람들에게도 마찬가지다. 그런 무기는 언제든 해킹되어 거꾸로 그들에게 총구를 돌릴 수 있기 때문이다. 게다가 그런 무기와 관련한 군비 경쟁이 새로운 세계대전으로 이어질 수도 있을 것이다. 한참 먼 미래를 내다볼 필요도 없다. 오늘날 드론(AI를 탑재하지 않은)이 이미 거대한 런던 공항에 장애를 일으킬 수 있다면 우리의 일상적인 인프라 시설이 얼마나 취약하며 또 AI의 악의적 사용이나 해킹이 얼마나 쉽게 엄청난 혼란과 파괴를 불러올 수 있는지 상상하기란 어렵지 않다. 또한 이를

네트워크로 연결된 세상에서는
모든 전자 기기나 소프트웨어가
악의적인 의도를 가진
사람들에 의해 해킹되고,
침입받고, 조작될 수 있다.

테면 원자력 기술과 달리 기존 AI 기술의 사용에는 고가의 장비나 오랜 교육 기간이 필요하지 않다. 따라서 악의적인 목적으로 AI를 사용하기 위해 넘어야 할 장벽이 대단히 낮다는 점에도 주목하라.

또한 어떤 사람들이 다른 사람들보다 더 취약하다고는 해도 자동차 혹은 공항 같은 인프라 시설과 관련한 더 일상적인 보안 문제를 AI와 같은 기술에 비추어 보면 결국 우리 **모두 다** 취약한 존재임을 깨닫게 된다. 왜냐하면 그런 기술의 행위주체성이 증대하고 우리가 더 많은 업무를 위임할수록 모든 사람이 그 기술에 더 많이 의존하게 되기 때문이다. 일은 항상 잘못될 수 있다. 그렇다면 그런 새로운 기술적 취약성이 단순히 기술적인 것만은 아니다. 그것은 또한 우리의 인간적인 실존적 취약성이 되기도 한다(Coeckelbergh, 2013). 따라서 여기서 논의한 윤리적 문제를 인간적 취약성으로 볼 수도 있다. 기술적 취약성은 궁극적으로 인간으로서 우리의 존재를 변화시킨다. 우리가 AI에 의존하게 되는 한 AI는 우리가 사용하는 도구 그 이상이다. 그것은 우리가 세상에서 존재하는 방식, 우리가 위험에 처하는 방식의 한 부분이 된다.

증대된 AI의 행위주체성은 특히 그것이 인간의 행위주체성을 **대체**할 때, 책임이라고 하는 또 다른 시급한 윤리적 문제를 불러일으킨다. 그것이 바로 다음 장의 주제다.

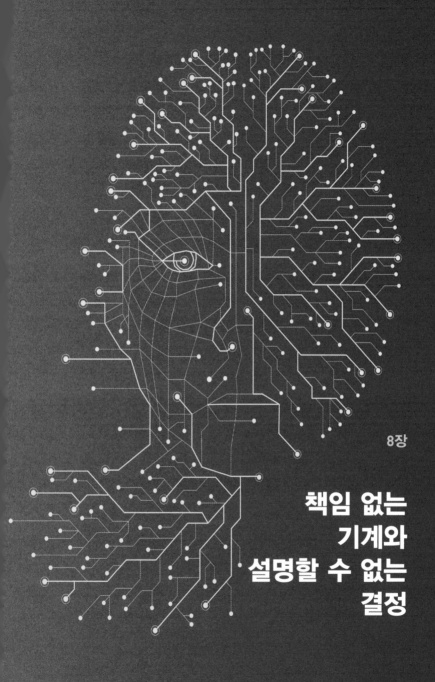

8장

책임 없는
기계와
설명할 수 없는
결정

우리는 도덕적 책임을
어떻게 부여할 수 있을까?

AI가 우리를 대신해 결정을 내리고 일 처리에 사용될 때, 우리는 모든 자동화 기술이 공통으로 직면하는 문제, 즉 책임 귀속의 문제에 직면한다. 하지만 AI 덕분에 이전보다 더 많은 것을 기계에 위임할 수 있게 될 때 그 문제는 훨씬 더 중요해진다.[1] AI에 더 많은 행위주체성이 부여되어 인간이 하던 일을 대신하게 되면 도덕적 책임은 어떻게 귀속시킬 수 있을까? 인간이 행위주체성과 의사 결정권을 AI에 위임할 때 기술로 인한 이득과 피해의 책임은 누구에게 있을까? 위험의 측면에서 이 문제를 다룬다고 해 보자. 무언가 일이 잘못되었을 때 누가 책임을 져야 할까?

사람이 일을 처리하고 결정을 내릴 때, 우리는 일반적으로 행위주체성과 도덕적 책임을 연결한다. 누구나 자기가 한 일과 자기

AI에 더 많은 행위주체성이
부여되어 인간이 하던 일을
대신하게 되면 도덕적 책임은
어떻게 귀속시킬 수 있을까?

가 내린 결정에 책임이 있다. 누구나 세상과 타인에게 영향을 미친다면 그 결과에 책임이 있다. 아리스토텔레스에 따르면 이것이 도덕적 책임의 첫 번째 조건인 이른바 통제 조건으로서,『니코마코스 윤리학』에서 그는 행위의 발단이 행위자에게 있어야 함을 주장했다. 이 관점에는 규범적 측면도 들어 있다. 만약 내게 행위주체성이 있고 내가 결정할 수 있다면 나는 내 행동에 책임을 **져야 한다.** 도덕적으로 말하자면 우리가 피하고 싶은 것은 행위주체성과 역량은 있으나 책임은 없는 사람이다.

아리스토텔레스는 또한 도덕적 책임의 또 다른 조건을 덧붙였다. 즉 내가 무엇을 하고 있는지 스스로 알고 있다면 내게 책임이 있다는 것이다. 이것은 **인식적** 조건으로서, 나는 내가 무엇을 하고 있는지 인식하고 그로 인해 어떤 결과가 초래될지 알아야 한다는 것이다. 여기서 우리가 피해야 할 것은 자기가 무엇을 하고 있는지 모른 채 일을 처리하여 잠재적으로 해로운 결과를 초래하는 사람이다.

이제 결정과 행위를 AI에 위임할 때 이런 조건이 과연 어떻게 될지 살펴보자. 첫 번째 문제는 AI가 윤리적 결과를 낳는 행동을 취하고 결정을 내릴 수는 있지만 자신이 무엇을 하는지 인식하지 못하고 도덕적 사유를 할 수 없으므로 자신이 한 일에 대해 도덕적 책임을 질 수 없다는 것이다. 기계는 의식, 자유의지, 감정, 의도 형성 능력 등을 가지고 있지 않으므로 행위자가 될 수 있어도 **도덕적** 행위자는 될 수 없다. 예를 들어 아리스토텔레스의 견해에 따르면 오직 인간만이 자발적 행위를 할 수 있고 자신의 행위를 숙고할 수 있다. 이 말이 참이라면 유일한 해결책은 기계가 한 일에 대해 인간이 책임을 지게 하는 것이다. 그렇다면 인간이 기계에 행위주체성을 위임해도 책임은 그대로 인간에게 남는다. 우리의 법률 체계는 이미 그렇게 하고 있다. 우리는 개나 어린이의 행동에 책임을 묻지 않으며, 보호자의 어깨에 법적 책임을 지운다. 그리고 조직에서는 특정 과제를 개인에게 위임하되 전체 프로젝트를 담당한 관리자에게 책임을 귀속시킬 수 있다. 물론 이 경우 위임받은 사람에게도 일부 책임이 여전히 존재하지만 말이다.[2] 그렇다면 기계가 작업을 수행하게 하고 책임은 계속 인간에게 남겨 두면 되는 것 아닐까? 알고리듬과 기계는 몰책임의 존재들이므로 이것이 내놓을 수 있는 가장 좋은 방법처럼 보인다.

그러나 이 해결책은 AI의 경우에는 몇 가지 문제에 직면한다. 첫째, 예를 들어 초단타 매매나 자율 주행 차량 등과 같이 AI 시스템이 매우 빠르게 결정하고 행동하는 경우에는 인간이 최종 결정을 내리거나 개입할 시간이 거의 없을 수 있다. 이러한 행위와 결정에 대해 인간이 어떻게 책임을 질 수 있을까?

둘째, AI에게는 내력이 있다. AI가 특정한 응용의 맥락에서 어떤 작업을 수행할 때, 누가 그 AI를 만들었고, 누가 제일 먼저 사용했고, 연루된 여러 당사자 사이에 책임을 어떻게 배분해야 할지 더는 명확하지 않을 수 있다. 예를 들어 대학이 과학 프로젝트의 맥락에서 만든 AI 알고리듬이 대학 실험실에서 처음 응용되고 나서, 그다음 의료 분야에 응용되고, 나중에는 군사적 맥락에서 응용될 수 있다. 누가 책임져야 할까? 특정 AI의 내력과 윤리적으로 문제가 되는 특정 결과를 초래한 인과적 이력에 연루된 모든 사람을 추적하기란 어려울 수 있다. 책임 문제가 발생한 순간에 연루된 모든 사람을 항상 알 수는 없는 일이다. 대개 AI 알고리듬에는 많은 사람이 연루된 오랜 내력이 있기 마련이다. 이는 기술적 행위의 책임 귀속과 관련한 전형적인 문제로 이어진다. 대개 많은 손이 있고, 덧붙여서 많은 사물들이 관련되어 있다.

많은 손이 있다는 말은 기술적인 행위에는 많은 사람이 연루된다는 의미. AI의 경우 시작은 프로그래머지만 최종 사용자와 기타 사람들도 있다. 자율 주행차의 예를 들어 보면 프로그래머, 자동차 사용자, 자동차 회사 소유주, 도로를 이용하는 다른 사용자 등이 있다. 2018년 3월 애리조나주에서 우버 자율 주행차가 사고를 일으켜 보행자가 사망하는 일이 발생했다. 이 비극적인 결과의 책임은 누구에게 있을까? 자동차를 프로그래밍한 사람들, 제품 개발을 담당한 자동차 회사 사람들, 우버, 자동차 사용자, 보행자, 규제 당국(이를테면 애리조나주) 등에 책임이 있을 수 있다. 누구에게 책임이 있는지는 분명치 않다. 아마 한 사람에게 책임을 돌릴 수도 없고 그래서도 안 될 것이며, 여러 사람에게 책임이 있을 수 있다. 하지만 책임을 어떻게 배분할지 분명치 않다. 어떤 사람이 다른 사람보다 더 많은 책임을 져야 할 수도 있다.

또한 **많은 사물들**이 관련되어 있다는 말은 기술적 시스템은 서로 연결된 많은 요소로 구성된다는 의미다. 대개는 연관된 시스템

구성 요소가 많다. AI 알고리듬이 있지만 이 알고리듬은 센서들과 상호작용을 하고, 온갖 종류의 데이터를 사용하며, 온갖 종류의 하드웨어 및 소프트웨어와 상호작용을 한다. 이 모든 것이 저마다 내력을 가지고 있고, 그것들을 프로그래밍하거나 생산한 사람들과 연결된다. 무언가 잘못되었을 때 문제를 일으킨 것이 'AI'인지 아니면 시스템의 다른 구성 요소인지, 심지어 어디까지가 AI이고 어디부터가 나머지 기술인지조차 항상 분명치는 않다. 이 또한 책임을 귀속시키고 분배하는 일을 어렵게 만든다. 또한 기계학습과 데이터 과학을 생각해 보라. 앞서 본 바와 같이 알고리듬뿐만 아니라 데이터의 수집과 처리, 알고리듬 훈련 등 다양한 단계를 포함하는 절차가 있다. 모든 단계마다 다양한 기술적 요소가 포함되고 사람의 판단이 필요하다. 다시 말하지만 많은 사람과 부품들에 관련한 인과관계가 존재하며, 이것이 책임 귀속을 어렵게 만든다.

이러한 쟁점을 다루고자 할 때, 법률 체계로부터 배워 보거나 보험이 어떻게 돌아가는지를 살펴볼 수 있을 것이다. 법률적 개념에 관해서는 정책을 다루는 장에서 이야기할 것이다. 그러나 이러한 법률이나 보험 시스템의 이면에는 AI의 행위주체성과 AI의 책임과 관련한 더 일반적인 의문이 도사리고 있다. 우리는 자동화 기술에 얼마나 의존하고 싶은 것일까, 우리가 AI가 하는 일에 책임을 질 수 있을까, 우리는 책임을 어떻게 귀속시키고 어떻게 배분할 수 있을까? 예를 들어 과실이라는 법적 개념은 주의 의무를 이행했는지와 관련이 있다. 하지만 윤리적으로 관련한 모든 잠재적 결과를 예측하기가 매우 어려운 AI의 경우 이러한 의무는 무엇을 의미할까?

이로써 우리는 다음 쟁점으로 넘어가게 된다. 설령 통제 문제가 해결될 수 있다고 하더라도 지식 문제와 관련한 책임의 두 번째 조건이 있다. 책임을 지려면 자신이 무엇을 하고 있으며 그것이 어떤 결과를 불러올지 알아야 하고, 되돌아보면 자신이 무슨 일을 했는지를 알아야 한다. 게다가 이 문제에는 관계적인 측면이 있다. 인간의 경우 우리는 누구나 본인이 한 일이나 내린 결정을 설명해 주리라 기대한다. 그렇다면 책임이란 답변 가능성과 설명 가능성을 의미한다. 무언가 일이 잘못되면 우리는 답변과 설명을 원한다. 예를 들어 우리는 판사에게 판결을 설명해 달라고 요구하거나, 범죄자에게 왜 그런 짓을 했는지 묻는다.

이런 조건들은 AI의 경우 심각한 문젯거리가 된다. 첫째, 원칙적으로 오늘날의 AI는 자기가 무엇을 하고 있는지 '알지' 못한다. AI에게는 의식이 없으므로 자신이 무엇을 하고 있고 그것이 어떤 결과를 가져올지 인식하지 못한다는 의미에서다. AI는 자신이 하는 일을 기록으로 남길 수는 있지만, 인간처럼 '자신이 무엇을 하고 있는지'는 알지 못한다. 인간은 의식이 있는 존재로서 자신이 무엇을 하고 있는지 인식하고, (다시 한번 아리스토텔레스를 따르자면) 자신의 행동과 그 결과를 숙고하고 반성할 수 있다. 인간의 경우, 예를 들어 아주 어린 아이처럼 이러한 조건이 충족되지 않을 때, 우리는 책임을 묻지 않는다. 일반적으로 동물에게도 책임을 묻지 않는다.[3] AI가 이러한 조건들을 충족하지 못하면 우리는 AI에 책임을 물을 수 없다. 해결책은 다시 한번 인간에게 AI가 하는 일에 책임을 지우는 것이다. 그리고 그것은 **인간이** AI가 무엇을 하고 있고 AI를 사용해 자신이 무엇을 하고 있는지 알며, 관계적 측면을 염두에 둔다고 할 때 **인간이** AI의 행동에 대해 답변할 수 있고 AI가 한 일을 설명할 수 있다는 가정하에서다.

하지만 이 가정이 성립할지는 언뜻 보는 것만큼 그리 간단하지 않다. 일반적으로 프로그래머와 사용자는 AI를 사용해 무슨 일을 하고 싶은지 안다. 더 정확하게 말하자면 AI가 자기들을 위해 무슨 일을 해 주었으면 하는지 안다. 그들은 목표와 목적을 알고 있으며, 그것이 AI에 작업을 위임하는 이유다. 그들은 또한 그 기술이 일반적으로 어떻게 작동하는지 알고 있을 수 있다. 그러나 앞으로 살펴보겠지만 AI가 (어떤 특정 순간에) 무엇을 하고 있는지 **항상** 정확히 아는 것은 아니며, AI가 한 일이 무엇인지 혹은 AI가 그런 결정에 어떻게 도달한 것인지 **항상** 설명할 수 있는 것도 아니다.

투명성과 설명 가능성

여기서 우리는 **투명성**과 **설명 가능성**이라는 문제에 직면한다. 일부 AI 시스템에서는 AI가 결정을 내리는 방식이 분명하다. 예를 들어 의사 결정 나무decision tree를 사용하는 AI라면 의사 결정에 이르는 방식이 투명하다. 그런 AI는 특정 입력이 들어오면 결정을 내리는 방식으로 프로그램된다. 따라서 인간은 AI가 어떻게 결정을 내렸는지 설명할 수 있고, AI는 자신의 결정을 '설명'하도록 '요청' 받을 수 있다. 그러면 인간은 그 결정에 책임을 지기로 하거나, 아니 더 정확하게는 AI가 추천하는 대로 결정을 내릴 수 있다.

하지만 일부 다른 AI 시스템들, 그중에서도 기계학습이나 특히 신경망을 이용한 딥러닝을 사용하는 AI의 경우 그런 설명이나 그런 종류의 의사 결정 내리기가 더는 가능하지 않다. AI가 어떻게 결정을 내리는지 더는 투명하지 않으며, 인간은 그 결정을 전부 설명할 수 없다. 전반적으로 시스템이 어떻게 작동하는지는 알지만, 특정한 결정을 설명할 수는 없는 것이다. 딥러닝이 적용된 체스를 생각해 보라. 프로그래머는 그 AI가 어떻게 작동하는지 알지만, 기계가 특정한 수를 두기에 이른 정확한 방법(즉 신경망의 층들에서 무슨 일이 벌어지는지)은 투명하지 않으며 설명할 수도 없다.

이것은 책임의 문제를 일으킨다. AI를 만들거나 사용하는 사람들이 특정한 결정을 설명할 수 없고, 따라서 AI가 무엇을 하고 있는지 알지 못하며 AI의 행동에 대해 답변해 줄 수 없기 때문이다. 어떤 의미에서 인간은 AI가 무엇을 하고 있는지 알지만(예를 들어 AI의 코드를 알고 그것이 전반적으로 어떻게 작동하는지 안다), 다른 의미에서는 알지 못한다(특정한 결정을 설명할 수 없다). 이에 따라 AI에 영향을 받는 사람들이 기계가 어떤 이유로 해당 예측에 도달하게 된 것인지 정확한 정보를 얻지 못하는 결과가 뒤따른다. 결국 모든 자동화 기술이 책임 문제를 제기하지만, 여기서 우리는 일부 종류의 AI에 특유하게 나타나는 문제, 즉 이른바 **블랙박스** 문제에 직면한다.

더군다나 그런 경우에서 그나마 인간이 전반적으로 그 AI와 코드에 대한 지식을 갖고 있다는 가정조차도 항상 참은 아니다. 어쩌면 초기 프로그래머는 코드와 모든 작동 방식을 알고 있을 수 있지만(또는 적어도 자신이 프로그래밍한 부분만큼은), 그렇다고 해서 특정 애플리케이션을 위해 알고리듬을 변경하거나 사용하는 후속 프로그래머와 사용자가 AI가 무슨 일을 하는지 전부 안다는 의미는 아니다. 예를 들어 증권 매매 알고리듬을 사용하는 어떤 사람이 AI를 전부 이해하지 못할 수 있고, 혹은 소셜 미디어 사용자들이 AI를 이해하기는커녕 AI가 사용되고 있다는 사실조차 모를 수도 있다. 또한 (초기) 프로그래머는 자기가 개발한 알고리듬의 정확한 **미래** 용도나 알고리듬이 사용될 수 있는 **서로 다른 응용 분야**를 알지 못할 수 있다. 알고리듬의 미래 사용에서 발생할 **의도치 않은** 모든 결과까지는 말할 것도 없다. 따라서 (딥러닝) 기계학습과 관련한 특정 문제를 별개로 치더라도 AI를 사용하는 많은 사람은 AI가 무슨 일을 하는지, 그 결과가 무엇인지 모를 뿐 아니라, 심지어 AI가 사용된다는 **것조차** 모르기 때문에 결국 그들은 자기가 무엇을 하고 있는지 모르는 것이라고 말할 수 있고, 그런 측면에서 AI와 관련한 지식 문제가 존재하는 것이다. 이것 역시 책임의 문제이자 따라서 심각한 윤리적 문제다.

때로는 이러한 문제가 신뢰의 관점에서 제기되기도 한다. 결국 투명성이 부족하면 기술과 그 기술을 사용하는 사람에 대한 신뢰 하락으로 이어지기 때문이다. 따라서 일부 연구자들은 AI에 대한 신뢰를 높이는 방법을 모색하면서 AI의 편향(Winikoff, 2018)이나 '터미네이터' 이미지(Siau and Wang, 2018)를 피하는 일 못지않게 투명성과 설명 가능성도 신뢰를 높일 수 있는 요소에 속한다고 인정한다. 다음 장에서 살펴보겠지만 AI 정책 역시 신뢰 구축을 목표로 하는 경우가 많다.

하지만 '신뢰 가능한' AI와 같은 용어는 논란의 여지가 있다. '신뢰'라는 용어는 인간들끼리의 관계를 논할 때 쓰기 위해 아껴 두어야 할까, 아니면 기계들에 사용하더라도 무방할까? AI 연구자인 조안나 브라이슨Joanna Bryson(2018)은 AI는 신뢰의 대상이 아니라 일련의 소프트웨어 개발 기술일 뿐이라고 주장하면서 '신뢰'라는 용어는 사람들과 사람들이 만든 사회제도를 위해 남겨 두어야 한다고 생각한다. 더 나아가 투명성과 설명 가능성의 쟁점은 우리가 어떤 사회를 원하는지 다시 한번 의구심을 갖게 만든다. 여기서 위험은 자본가나 과학기술 엘리트에 의한 조작과 지배, 그리고 그로 인한 고도로 분열된 사회의 창조만이 아니다. 여기에 도사린 그 이상의, 어쩌면 더 심각한 위험은 그들 엘리트조차도 자신이 무엇을 하고 있는지 알지 못한 채 눈앞에 벌어지고 있는 일에 아무도 책임지지 않는 첨단 기술 사회다.

앞으로 살펴보겠지만 정책 입안자들은 때때로 '설명 가능한 AI'와 '설명에 대한 권리'를 제안한다. 하지만 늘 투명한 AI를 보유한다는 것이 가능할지 의문이다. 고전적 시스템의 경우는 쉽게 그런 목표를 성취할 수 있을 것 같다. 그러나 현재의 기계학습 애플리케이션의 경우에 의사 결정 과정의 모든 단계를 설명하고 구체적 개인들과 관련한 의사 결정을 설명하는 일이 원칙적으로 불가능해 보인다면 문제가 있는 것이다. '블랙박스를 열어 보는 일'이 가능할까? 이는 윤리를 위해서뿐만 아니라 시스템(즉 모델)을 개선하고 그런 시스템으로부터 무언가를 학습한다는 측면에서도 아마 좋은 일이 될 것이다.

예를 들어 설명이 더 잘 되는 시스템이 있고 그런 AI가 우리가 부적절하다고 생각하는 함수를 사용한다면 인간이 그런 문젯거리를 포착하고 그런 허위 상관관계를 제거하는 데 도움이 될 것이다. 또한 AI가 게임 플레이의 새로운 전략을 확인하고 이를 인간에게 더 투명하게 드러내 주면 인간은 기계로부터 배워서 자신의 게임 실력을 더 키울 수 있다. 이는 게임뿐만 아니라 의료, 형사 사법 제도, 과학 등과 같은 분야에서도 유용하다. 따라서 일부 연구자들은 블랙박스를 열어 보는 기술을 개발하기 위해 노력하고 있다(Samek, Wiegand, Muller, 2017).

하지만 그런 일이 아직 불가능하거나 제한적으로만 가능하다면 어떻게 되는 것일까? 그렇다면 이 윤리적 쟁점은 성능과 설명 가능성 사이의 균형 잡기에 관한 문제가 되는 것일까(Seseri, 2018)? 성능 좋은 시스템의 대가가 투명성 부족이라면 우리는 그래도 그 시스템을 사용해야 할까, 사용하지 말아야 할까? 아니면 이런 문제를 피하고 다른 기술적 해결책을 찾고자 노력함으로써 결과적으로 아무리 고도로 발달한 AI들이라 해도 자신들이 하는 일을 인간에게 설명할 수 있게 만들어야 할까? 그렇게 할 수 있도록 우리가 기계를 훈련할 수는 있을까?

더구나 설령 투명성이 바람직하고, **그리고** 가능하다고 하더라도 실제로 이를 현실화하기는 어려울 수 있다. 예를 들어 민간 회사는 상업적 이익을 보호하고 싶을 것이므로 알고리듬 공개를 꺼릴수도 있다. 그런 이해관계를 보호하는 지적재산권 법규도 방해가 될 수 있다. 그리고 다음 장에서 살펴보겠지만 AI가 강력한 단체의 손에 들어가 있다면 그런 AI 규칙들을 누가 만드는지, 그리고 누가 만들어야 하는지에 대한 의문이 제기된다.

하지만 윤리적으로 말하자면 투명성과 설명 가능성이 반드시 소프트웨어 코드의 공개를 의미하는 것은 아니며, 오로지 그 문제만도 아닌 것이 확실하다는 점에 유의하라. 이 쟁점은 주로 사람들에게 **결정**을 설명해 주는 문제와 관련된다. '어떻게 작동하는가'에 대한 설명이 우선적인 것은 아니며, 책임감 있게 해명 가능한 행동을 해야 하는 인간으로서 내가 나의 의사 결정을 어떻게 설명할 수 있느냐가 먼저다. AI가 어떻게 작동해서 그런 추천 결과에 도달한 것인지도 그런 설명의 한 부분이 될 수 있다. 게다가 코드를 공개한다고 해서 그 자체로 그 AI가 어떻게 작동하는지에 대한 지식이 반드시 제공되는 것도 아니다. 이는 사람들의 교육 배경과 보유 기량에 달린 문제다. 관련 기술에 관한 전문 지식이 부족한 사람들에게라면 다른 형태의 설명이 필요하다. 이는 교육의 문제를 상기시킬 뿐만 아니라 **어떤 종류의 설명**이 필요하며 궁극적으로 설명이란 무엇인지에 관한 질문으로 이어진다.

따라서 투명성과 설명 가능성에 대한 쟁점은 설명의 본성에 관한 질문 같은 흥미로운 철학적, 과학적 의문도 제기한다(Weld and Bansal, 2018). 무엇이 좋은 설명을 구성할까? 설명과 이유의 차이는 무엇이며, 기계가 그런 것을 하나라도 제공할 수 있을까? 그리고 실제로 인간은 어떻게 결정을 내릴까? 인간은 자신이 내린 결정을 어떻게 설명할까? 인지심리학과 인지과학 분야에서 이에 관한 연구가 이루어지고 있으며, 이는 설명 가능한 AI에 대한 사고에 활용될 수 있을 것이다. 예를 들어 사람들은 일반적으로 완전한 인과 연쇄를 제시하지 않는다. 대신에 이들은 설명을 선택하며, 피설명자가 믿고 있다고 자신들이 생각하는 바에 반응한다. 그런 점에서 설명은 사회적이다(Miller, 2018).

그리고 어쩌면 우리는 또한 기계로부터는 인간과는 다른 설명을 기대하는 것일 수도 있다. 예를 들어 인간은 감정에 사로잡혀 자신의 행동을 변명하는 경우가 흔하다. 그런데 만약 우리가 그렇게 한다면 이는 곧 인간이 내리는 의사 결정보다 기계가 내리는 의사 결정이 더 수준 높을 것으로 기대한다는 의미일까(Dignum 외, 2018)? 만약 기계의 결정이 그런 식으로 인간과는 다르다면 우리는 정말 그렇게 기대해야 할까?

일부 연구자들은 설명 대신 추론을 거론한다. 위니코프 Winikoff(2018)는 AI와 기타 자율 시스템에 '가치 기반 추론'을 요구하기까지 한다. 그런 것들이 인간의 가치를 대변하고 사용하여 추론할 수 있어야 한다는 것이다. 하지만 기계가 '추론'을 할 수 있을까? 그리고 대체 어떤 의미에서 기술적 시스템이 가치를 '사용'하거나 '표상'할 수 있는 것일까? 그런 시스템은 어떤 종류의 지식을 가지고 있는 것일까? 그것이 지식이란 것을 가지기나 할까? 그것에게 이해력이 있을까? 그리고 보딩턴Boddington(2017)의 질문처럼 인간이라고 해서 꼭 자신의 가장 근본적인 가치를 전부 표현할 수 있을까?

이런 문제는 철학자들에게 흥미로운 것이지만, 그럴 뿐 아니라 직접적인 윤리적 관련성이 있는 매우 현실적이고 실용적인 문제이기도 하다. 카스텔베키Castelvecchi(2016)의 말처럼 블랙박스를 연다는 것은 현실 세계의 문제다. 예를 들어 은행은 대출 거부 이유를 설명해야 하고, 판사는 누군가를 감옥에 (다시) 돌려보내는 이유를 설명해야 한다. 의사 결정을 설명하는 것은 사람들이 의사소통할 때 자연스럽게 하는 일의 일부일 뿐만 아니라(Goebel 외. 2018), 도덕적 요구이기도 하다. 설명 가능성은 책임질 수 있는 해명 가능한 행동과 결정을 하기 위한 필요조건이다. 이는 인간을 자율적이고 사회적인 개인으로 진지하게 받아들이고 싶은 사회라면 어디서나 요구되는 조건처럼 보인다. 이때의 개인은 책임감 있게 행동하고 결정하려 노력하며, 자신에게 영향을 미치는 결정에 대해 이유와 설명을 정당하게 요구한다. AI가 그러한 이유와 설명을 **직접** 제공할 수 있든 없든 **인간**은 '왜?'라는 질문에 답할 수 있어야 한다. AI

연구자들의 도전 과제는 어쨌든 AI가 의사 결정에 사용된다면 인간이 이 질문에 최대한 답변할 수 있는 방식으로 그 기술이 구축되도록 보장하는 것이다.

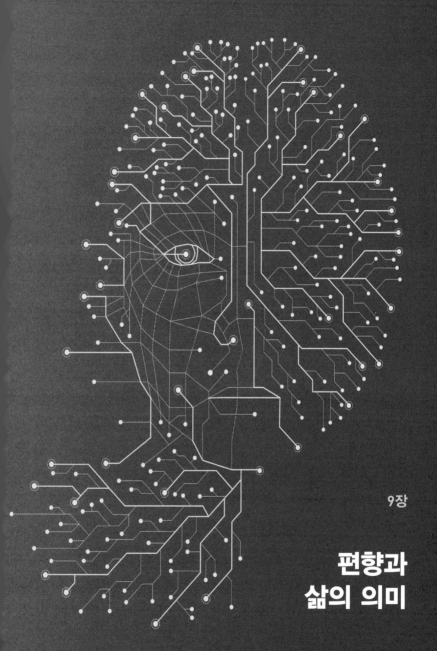

9장

편향과
삶의 의미

편향

 윤리적이고 사회적인 문제이면서 동시에 다른 자동화 기술과 달리 데이터 과학 기반 AI에 특화된 또 다른 쟁점은 편향 문제다. AI 가 결정을 내리거나, 아니 더 정확하게는 결정을 추천할 때 편향이 발생할 수 있다. 그 결정이 특정 개인이나 집단에 부당하거나 불공정할 수 있다는 것이다. 편향이 포함된 의사 결정 트리나 데이터베이스를 사용하는 전문가 시스템 같은 고전적 AI에서도 편향이 발생할 수 있지만, 편향 문제는 기계학습 애플리케이션과 관련하는 경우가 많다. 편향과 차별의 문제는 사회에 항상 존재해 왔지만, 우려되는 것은 AI가 이러한 문제를 영속화하고 그 영향력을 확대할 수 있다는 점이다.

 편향은 의도한 것이 아닌 경우가 흔하다. 개발자, 사용자, 회사 경영진 등 관련자들이 특정 집단이나 개인에 대한 차별적 효과를

편향과 차별의 문제는
사회에 항상 존재해 왔지만,
우려되는 것은 AI가 이러한 문제를
영속화하고 그 영향력을
확대할 수 있다는 점이다.

예측하지 못하는 것이다. 이는 AI 시스템을 충분히 이해하지 못한 것일 수 있고, 편향의 문제나 자신의 편향을 충분히 인식하지 못한 까닭일 수도 있으며, 더 일반적으로는 기술의 의도치 않은 잠재적 결과를 충분히 상상하거나 성찰하지 않고 관련한 일부 이해 당사자들과 제대로 소통하지 못해서일 수도 있다.

편향된 결정은 예를 들면 자원에 대한 접근성과 자유의 측면에서 심각한 결과를 초래할 수 있다는 점에서 문제가 된다(CDT, 2018). 사람들이 일자리를 얻지 못하거나, 신용을 얻지 못하거나, 감옥에 갇히는 신세가 되거나, 심지어 폭력을 경험할 수도 있는 것이다. 개인들만 고통을 겪을 수 있는 것이 아니다. 공동체 전체가 편향된 결정에 영향을 받을 수 있다. 예를 들면 도시의 어떤 구역 전체나 특정 인종적 배경을 가진 모든 사람이 AI에 의해 치안 위험이 크다고 프로파일링할 때가 그렇다.

1장에서 언급한 콤파스 알고리듬의 예를 다시 한번 생각해 보라. 피고인의 재범 가능성을 예측하는 이 알고리듬은 플로리다주에서 판사들이 이를테면 언제 임시 석방을 허가할지 판결할 때 사용되었다. 온라인 뉴스 방송국 프로퍼블리카ProPublica의 연구에 따르면 알고리듬의 거짓 양성(재범할 것으로 예측되었지만 실제로 재범하지 않은 피고인)은 불균형적으로 흑인이 많았고, 거짓 음성(재범하지 않으리라 예측되었지만 실제로 재범한 피고인)은 불균형적으로 백인이 많았다고 한다(Fry, 2018). 따라서 비판자들은 흑인 피고인에 대한 편향이 있다고 주장했다. 또 다른 사례로는 미국에서 사용된 프레드

폴PredPol이라고 하는 이른바 예측 치안 도구가 있다. 이 알고리듬은 도시 내 특정 구역의 범죄 발생 확률을 예측하고 이러한 예측을 기반으로 경찰 자원의 할당(예를 들면 경찰관의 순찰 지역 배정 등)을 권장한다. 여기서 우려되는 바는 이 시스템이 빈곤한 유색 인종 주민이 많은 지역에 적대적으로 편향되거나 혹은 불균형적인 경찰의 감시 활동으로 인해 해당 지역 주민들 사이의 신뢰를 무너뜨리고, 그럼으로써 범죄 예측을 자기 충족적 예언으로 둔갑시킬 수 있다는 것이다(Kelleher and Tierney, 2018). 그러나 편향은 형사 사법이나 치안에만 국한되지 않는다. 이는 예를 들어 AI가 인터넷 서비스 사용자들을 불리하게 프로파일링하는 바람에 차별을 받는 경우를 의미할 수도 있다.

편향은 설계, 시험, 적용의 모든 단계에서 여러 가지 방식으로 발생할 수 있다. 설계에 초점을 맞추어 보자. 편향은 훈련 데이터 세트의 선택, 대표성이 없거나 불완전할 수 있는 훈련 데이터 세트 자체, 알고리듬, 훈련이 이루어진 알고리듬에 주어지는 데이터 세트, 허위 상관관계(이전 장을 보라)에 기반한 의사 결정, 알고리듬을 만들어 내는 집단, 그리고 사회 전반에서 발생할 수 있다. 예를 들어 데이터 세트가 모집단을 대표하지 않는데도(예를 들면 미국 백인 남성을 기반으로 한 것일 경우) 전체 모집단(다양한 인종적 배경을 가진 남성과 여성)에 대해 예측하는 데 여전히 사용될 수 있다.

편향은 나라별 차이와도 관련될 수 있다. 이미지 인식에 사용되는 많은 심층 신경망은 주석 달린 데이터 세트인 이미지넷ImageNet

을 통해 훈련되는데, 이 데이터 세트는 미국 데이터를 불균형적으로 많이 포함하고 있으나, 전 세계 인구 중 훨씬 더 큰 부분을 대표하는 중국과 인도 같은 국가는 작은 비중만 차지한다(Zou & Schiebinger, 2018). 이는 데이터 세트에 내재한 문화적 편향으로 이어질 수 있다.

더 일반적으로 데이터 세트가 불완전하거나 품질이 낮을 수 있으며 이로 인해 편향이 발생할 수 있다. 예를 들어 살인 예측의 경우에서는 너무 적은 데이터를 기반으로 예측이 이루어질 수도 있다. 살인 건수가 **그렇게** 많지 않아 그로부터의 일반화는 문제가 될 것이다. 또 다른 사례로 일부 연구자들은 AI 개발자들과 데이터 과학팀의 다양성 부족을 우려한다. 대부분의 컴퓨터 과학자와 엔지니어는 서구 국가의 20~40세 백인 남성으로서, 이들의 개인적 경험과 의견, 거기에 편견까지 프로세스에 반영되어 여성, 장애인, 노인, 유색 인종, 개발도상국 국민 등과 같이 앞에 열거한 특징에 해당하지 않는 사람들에게 잠재적으로 부정적인 영향을 미칠 수 있다.

편향이 특정한 관행 또는 사회 전반에 내재해 있는 바람에 데이터가 특정 집단에 불리하게 편향될 수도 있다. 의학이 주로 남성 환자의 데이터를 사용한다는 점에서 편향되어 있다는 주장이나, 유색 인종에게 불리한, 사회 전반에 만연해 있는 편향을 생각해 보라. 알고리듬이 그런 데이터를 사용한다면 결과 역시 편향될 것이다. 2016년 『네이처』의 논설이 언급한 것처럼 편향이 들어가면 편향이 나온다. 또한 기계학습이 월드와이드웹의 텍스트 데이터에 의존하면서 편향을 습득할 수 있다는 사실이 밝혀진 바 있다. 그런 언어 데이터는 편향을 포함한 일상의 인간 문화를 반영하기 때문이다 (Caliskan, Bryson, Narayanan, 2017). 예를 들어 언어 코퍼스는 그 자체로 젠더 편향을 포함하고 있다. 그래서 AI가 그러한 편향을 영속화하여 역사적으로 소외된 집단에 더 많은 불이익을 주지 않을까 염려된다.

편향은 상관관계는 있으나 인과관계는 없는 경우에도 발생할 수 있다. 다시 한번 형사 사법의 사례를 들어 보자. 알고리듬은 피고인의 부모 중 한 명이 감옥에 갔다면 그 피고인도 감옥에 갈 가능성이 크다고 추론할 수 있다. 그런 상관관계가 존재할 수도 있고 그런 추론에 예측력이 있을 수도 있지만, 그렇더라도 인과관계가 없으므로 그런 피고인이 더 가혹한 판결을 받는 것은 불공정해 보인다 (House of Commons, 2018).

마지막으로 인간 의사 결정권자가 알고리듬의 추천 정확도를 정도 이상으로 신뢰하고(CDT, 2018) 다른 정보를 무시하거나 자신의 판단력을 충분히 발휘하지 않아서 편향이 발생할 수도 있다. 예를 들어 판사가 전적으로 알고리듬에만 의존하고 다른 요소들은 고려하지 않을 수 있다. AI와 기타 자동화 기술에서 항상 그렇듯이 인간의 결정과 해석은 중요한 역할을 하며, 기술에 지나치게 의존할 때의 위험은 항상 존재한다.

하지만 과연 편향을 피할 수 있는 것인지, 심지어 편향을 피해야만 하는 것인지도 분명치 않다. 그리고 만약 편향을 피해야 한다면 어떤 대가를 치르더라도 피해야 하는지도 그렇다. 예를 들어 편향의 위험을 줄이기 위해 기계학습 알고리듬을 변경하면 예측 정확도가 떨어진다고 할 때, 알고리듬을 변경해야 할까? 알고리듬의 효율성과 편향을 막기 위한 대응 사이에는 서로 절충되는 부분이 있을 수 있다. 또한 인종 같은 특정한 성질을 무시하거나 제거하면 기계학습 시스템이 해당 성질에 대한 이른바 프록시를 식별하여 편향을 유발할 수 있다는 문제도 있다. 예를 들어 인종의 경우 우편번호와 같이 인종과 상관관계가 있는 다른 변수들이 알고리듬에 의해 선택되는 일이 있을 수 있다.

그렇다면 완벽하게 편향되지 않은 알고리듬이 가능할까? 완벽한 정의나 공정성이 무엇인지에 대해서는 철학자들 사이에서나 더 나아가 사회적으로나 합의된 바가 없다. 더군다나 이전 장에서 언급했듯이 알고리듬이 사용하는 데이터 세트는 현실에서 추상한 것들이고 인간의 선택 결과이므로 결코 중립적이지 않다(Kelleher and Tierney, 2018). 편향은 우리 세상과 사회에 스며들어 있다. 그래서 편향을 최소화하기 위해 많은 일을 할 수 있고 또 해야 하지만, AI 모델이 편향으로부터 완전히 자유롭게 되지는 않을 것이다 (Digital Europe, 2018).

또한 확실히 의사 결정에 사용되는 알고리듬은 차별적이라는 의미에서 항상 편향되어 있다. 그런 알고리듬은 다양한 가능성을 구별하기 위한 것이기 때문이다. 예를 들어 채용 프로세스에서 이력서 심사는 해당 직책에 가장 적합한 후보자의 특성을 지향하게끔

정의는 맹목적이고
공평무사해야 할까,
아니면 정의는 이미 불이익을 당한
사람들에게 혜택을 주는 것을
의미하는 것일까?

의도적으로 편향되고 차별적으로 된다. 윤리적이고 정치적인 문제는 특정 차별이 부당하고 불공정한지에 있다. 하지만 다시 말하지만 정의와 공정성을 바라보는 관점은 다양하다. 이는 편향성 쟁점을 기술적 문제로 만들 뿐만 아니라 정의와 공정성에 대한 정치적 논의와도 연결한다.

예를 들어 불이익을 받는 개인이나 집단에 대한 긍정적 편향을 만들어 편향을 무효로 만들려는 적극적 우대 조치나 소수집단 우대 정책이 과연 정의로운지는 논란의 여지가 있다. 정의는 맹목적이고 공평무사해야 하므로 예를 들면 알고리듬은 인종에 대해 맹목적이어야 할까, 아니면 정의는 이미 불이익을 당한 사람들에게 혜택을 주는 것을 의미하므로 그 자체로 (교정적인 종류의) 불공평과 차별에 해당하는 것이라고 해야 할까? 그리고 역사적으로나 현재로서나 불이익을 받는 소수가 있음에도 불구하고 정책은 민주적 맥락에서 다수의 이익을 보호하는 일을 우선시해야 할까, 아니면 그런 소수의 이익을 증진하는 데 초점을 두어야 할까?

이는 우리를 대책에 관한 문제로 넘어가게 한다. 편향이 있다는 데 동의하더라도 문제를 해결하는 방법에는 다양한 방식이 있다. 여기에는 기술적 방법뿐만 아니라 사회적이고 정치적인 조치와 교육도 포함된다. 어떤 조치를 택해야 하는지는 논쟁거리이며, 그것은 이번에도 역시 정의와 공정성의 개념에 달린 문제다.

예를 들어 소수집단 우대 조치에 관한 의문은 우리가 세상을 있는 그대로 받아들여야 하는지, 아니면 과거의 불공정을 영속화하지 않는 방식으로 미래 세상을 적극적으로 형성해 나가야 하는지에 대한 더 일반적인 문제를 제기한다. 일부에서는 현실 세계를 거울처럼 반영하는 데이터 세트를 사용해야 한다고 주장한다. 데이터가 사회의 편향을 대변할 수 있고 알고리듬이 사람들이 가진 기존 편향을 모델화할 수 있지만, 이는 개발자가 걱정해야 할 문제가 아니다.

다른 사람들은 그러한 데이터 세트가 오로지 수 세기에 걸친 편향 때문에 존재하며, 이러한 편향과 차별은 부당하고 불공정하므로 소수집단 우대 조치를 촉진하기 위해 해당 데이터 세트나 알고리듬을 변경해야 한다고 주장한다. 예를 들어 여성 수학 교수에 대해 편향된 것으로 보이는 구글 검색 알고리듬의 결과에 대한 반응으로, 이것은 단지 세상을 있는 그대로 반영하는 것일 뿐이라고 말할 수도 있고(그리고 그러한 반영이 바로 검색 알고리듬이 해야 할 일이라고), 혹은 인식을 바꾸고 어쩌면 세상까지 바꾸기 위해 알고리듬이 여성 수학 교수의 이미지에 우선순위를 두게 만들 수도 있을 것이다(Fry, 2018). 또한 배경, 견해, 경험 면에서 더 다양하고, 알고리듬의 영향을 잠재적으로 받게 되는 집단을 더 잘 대변하는 개발자 팀을 꾸리고자 노력할 수도 있다(House of Commons, 2018).

훈련 데이터가 세상을 있는 그대로 담지 않고 현재 상황을 반영하지 않는 옛날 데이터를 포함하는 경우라면 거울 견해는 작동하지 않는다. 그런 데이터에 기반한 의사 결정은 미래를 준비하기보다는 차별적인 과거를 영속화하는 데 일조한다. 또한 거울 견해에 대한 또 다른 반론은 설령 모델이 세상을 있는 그대로 반영하더라도 이것이 특정 개인과 집단에 대한 차별적 조치와 기타 피해로 이어질 수 있다는 것이다. 예를 들어 신용 회사가 AI가 만든 프로파일에 근거하여 대출 신청자의 거주지를 기준으로 대출을 거부할 수 있고, 혹은 온라인 사이트가 AI가 만든 고객 프로파일에 따라 일부 고객에게는 다른 고객보다 더 많은 요금을 부과할 수 있다. 또한 프로파일링은 여러 영역을 넘나들며 개인을 추적할 수도 있다(Kelleher & Tierney, 2018). 그리고 언뜻 단순해 보이는 자동 완성 기능이 내 이름을 범죄와 잘못 연결할 수도 있다(이로 인해 끔찍한 결과가 이어질 수 있다). 대부분 사람이 내 이름이 아닌 범죄자의 이름을 검색할 의도였다는 점에서 그 기능의 배후에 있는 검색 AI는 세상을 올바르게 반영하고 있다. 어쩌면 다소 덜 명백한 또 다른 편향의 사례를 들자면 현재의 행동(사람들이 클릭하는 음악 트랙)을 기반으로 다음 음악 트랙을 추천하는 스포티파이 같은 서비스에 사용되는 음악 검색 시스템이 주류에 못 미치는 음악과 음악가를 차별할 수 있다. 세상을 있는 그대로 반영한다고 해도 그로 인해 일부 음악가는 음악으로 생계를 유지할 수 없는 상황에 이르게 되며, 그런 음악이나 음악가가 인정받지 못하고 존중받지 못한다고 느끼는 공동체의 형성으로 이어질 수 있다.

다시 말하지만 이런 경우는 분명히 문제가 있는 차별 사례이지만 우리는 늘 이렇게 물어야 한다. 어떤 특정 사례에서 차별은 정당한가, 정당하지 않은가? 그리고 만약 정당하지 않다고 생각된다면 그 문제에 관해 무엇을 할 수 있고, 또 누가 그 일을 해야 하는가?

예를 들어 컴퓨터 과학자는 이 문제와 관련하여 무슨 일을 할 수 있을까? 훈련 데이터 세트를 더 다양하게 만들어야 할까, 아니면 아예 마이크로소프트의 에릭 호비즈Eric Horvitz가 제안한 것처럼 '이상화된' 데이터와 데이터 세트를 만들어야 하는 것일까(Surur, 2017)? 혹은 데이터 세트가 세상을 거울처럼 반영해야 할까? 개발자는 알고리듬에 긍정적 차별을 구축해야 할까, 아니면 '맹목적인' 알고리듬을 만들어야 할까? AI 편향을 어떻게 다룰 것인가는 단순한 기술적 문제가 아니라 정치적이고 철학적인 문제다. 그것은 우리가 어떤 사회와 세상을 원하는지, 우리가 그것을 바꾸려고 노력해야 하는지 아닌지, 만약 바꾸려 한다면 어떤 변화의 방식이 수용할 만하고 공정한 것인지에 관한 질문이다. 또한 그것은 기계에 관한 질문만큼이나 인간에 관한 질문이기도 하다. **인간**의 의사 결정이 공정하고 공평하다고 생각하는가, 만약 그렇게 생각하지 않는다면 AI의 역할은 무엇인가? 어쩌면 AI는 우리의 편향을 드러냄으로써 인간과 인간 사회에 대해 우리에게 무언가를 가르쳐 줄 수 있을지도 모른다. 그리고 AI 윤리를 논하는 것이 사회적이고 제도적인 권력의 불균형을 폭로할 수도 있을 것이다.

따라서 AI 윤리에 대한 논의는 예를 들면 정의와 공정성에 관한 규범적인 철학적 질문과 관련한 민감한 사회적, 정치적 쟁점 및 인간과 인간 사회에 대한 철학적, 과학적 질문에 깊이 관여한다. 그런 쟁점 중 하나가 일의 미래다.

일의 미래와 삶의 의미

AI에 기반한 자동화는 우리 경제와 사회를 근본적으로 변화시킴으로써 일의 미래와 의미에 관한 질문뿐 아니라 인간 삶의 미래와 의미에 관한 질문까지 제기할 것으로 예상된다.

먼저 AI가 일자리를 파괴하면서 대규모 실업을 초래하지나 않을까 하는 우려가 있다. 또한 AI가 과연 어떤 종류의 일자리를 대체할 것이냐는 질문도 있다. 이른바 블루칼라 일자리만 대체할 것인가, 아니면 다른 일자리도 마찬가지일까? 베네딕트 프레이Benetikt Frey와 마이클 오스본Michael Osborne의 유명한 보고서(2013)에 따르면 미국 전체 일자리의 47퍼센트가 자동화될 수 있다고 예측한다. 다른 보고서들은 이보다 덜 극적인 수치를 제시하기도 하지만 대부분은 일자리 손실이 상당하리라 예측한다.

많은 저자들이 경제가 크게 변화해 왔고 앞으로도 계속 변화할 것이라는 데 동의한다. 그런 변화에는 현재와 미래의 고용에 상당한 영향이 있으리라는 것도 포함된다(Brynjolfsson & McAffee, 2014). 또한 AI가 점점 더 복잡한 인지 작업을 수행할 수 있게 될 것이므로 AI로 인한 일자리 손실은 블루칼라뿐만 아니라 모든 종류의 노동자를 강타할 것으로 예상된다. 이것이 참말이라면 새로운 세대는 이러한 미래를 어떻게 대비할 수 있을까? 무엇을 배워야 할까? 무엇을 해야 할까? 그리고 AI가 어떤 사람들에게는 다른 사람들보다 더 많은 혜택을 준다면 어떻게 되나?

AI에 기반한 자동화는
우리 경제와 사회를 근본적으로
변화시킴으로써 일의 미래와
의미에 관한 질문뿐 아니라
인간 삶의 미래와 의미에 관한
질문까지 제기할 것으로 예상된다.

이 마지막 질문과 관련하여 오랫동안 정치철학 사상가들을 사로잡았던 정의와 공정성의 문제를 다시 한번 살펴보게 된다. 예를 들어 AI가 빈부 격차를 더 크게 만든다면 이것이 정의로운 일일까? 그렇지 않다면 이 문제에 관해 어떤 일을 할 수 있을까? 우리는 불평등의 측면에서 문제를 바라볼 수도 있고(AI가 사회와 세계의 불평등을 심화할 것인가?) 또는 취약성의 관점에서 문제를 바라볼 수도 있다. 즉 기술 선진국의 직장인, 부유층, 고학력층은 AI의 혜택을 누리지만 개발도상국의 실업자, 빈곤층, 저학력층은 부정적인 영향에 훨씬 더 취약해질 것인가(Jansen 외, 2018)? 그리고 더 근래의 윤리적, 정치적 관심사를 사례로 들어 보자. 이를테면 환경 정의는 어떠한가? AI가 환경에 미치는 영향과 우리가 환경과 맺는 관계는 어떤가? '지속 가능한sustainable AI'란 무엇을 의미할까? AI 윤리와 정치가 인간의 가치와 이익만을 고려해야 하는가, 그렇지 않은가에 관한 의문도 있다(12장 참조).

또 다른 다소 실존적인 의문은 일과 인간 삶의 의미에 관한 것이다. 일자리 파괴에 대한 우려는 일만이 유일한 가치이자 소득과 의미의 유일한 원천이라고 가정한다. 하지만 일자리가 가치를 지닌 유일한 것이라면, 우리는 아마도 더 많은 정신 질환을 만들어 내고, 더 많이 흡연하고, 더 비만해져야 할 것이다. 이런 문제들이 일자리를 창출하는 경향이 있기 때문이다.[1] 우리는 그런 것을 원하지 않는다. 분명히 우리는 일자리 창출 자체보다 다른 가치가 더 중요하다고 생각한다.

그렇다면 왜 소득과 의미를 일자리에 의존하는 것일까? 우리는 우리 사회와 경제를 다른 방식으로 구성할 수 있을 것이다. 일과 소득을, 아니 우리가 '일'이라고 생각하는 것과 소득을 분리할 수 있을 것이다. 오늘날 많은 사람이, 예를 들면 집안일이나 아이와 노인 돌봄 같은 무급 노동을 하고 있다. 어째서 이것이 '일'이 아닌가? 어째서 그런 종류의 노동을 하는 것이 덜 의미 있는 일이 되는 것일까? 그리고 어째서 그런 일을 수입원으로 삼지 않는 것일까? 게다가 어떤 사람들은 자동화가 우리에게 오늘날 우리가 여가라고 부르는 것을 더 많이 제공해 줄 수 있다고 생각한다. 아마도 우리는 더 즐겁고 창의적인 일을 할 수 있을 것이며, 그것이 꼭 직업의 형태는 아닐지도 모른다. 다른 말로 하자면 우리는 의미 있는 삶이 반드시 타인에 의해 미리 구조화되거나 이른바 자영업이라는 틀 안에서 이루어지는 유급 노동을 하면서 보내는 삶이어야 한다는 생각에 의문을 제기할 수 있다. 어쩌면 누구나 본인이 의미 있다고 생각하는 일을 할 수 있도록 보장하기 위해 '기본 소득' 같은 조치를 시행할 수도 있을 것이다. 이렇듯 미래의 일자리 문제에 대응하여 우리는 무엇이 일을 의미 있게 만드는지, 인간은 어떤 종류의 일을 해야 하는지(하도록 허용되어야 하는지), 소득이 직업과 고용에 국한되지 않는 방식으로 사회와 경제를 어떻게 재조직할 수 있겠는지 생각해 볼 수 있다.

내친김에 말하자면 지금까지 여가 사회나 기타 후기 산업화 시대의 낙원에 대한 유토피아적 발상은 실현되지 않았다. 우리는 이미 19세기 이래로 지금까지 여러 차례 자동화의 파고를 겪어 왔다. 하지만 기계가 우리에게 어느 정도나 자유와 해방을 가져다준 것일까? 아마도 기계가 더럽고 위험한 일부 일을 대신하게 되었을지 모르지만, 기계는 착취에도 사용되었고 사회의 계층구조를 근본적으로 바꾸어 놓지 못했다. 어떤 사람들은 자동화의 혜택을 엄청나게 누렸지만, 또 어떤 사람들은 그렇지 못했다. 어쩌면 일자리를 갖지 않는 것의 공상은 승자 편에 있는 사람들만 누릴 수 있는 사치일지도 모른다. 기계가 우리를 자유롭게 한 덕분에 우리는 더 의미 있는 삶을 사는 것일까? 아니면 기계는 그런 삶의 바로 그 가능성 자체를 위협하는 것일까? 이 문제는 오랫동안 논의되어 왔고, 이러한 의문에 대한 쉬운 답은 없다. 하지만 제기된 우려는 적어도 AI 선지자들이 채색하고 있는 멋진 신세계에 대해 적어도 의심은 해 봐야 할 충분한 이유가 된다.

더 나아가 어쩌면 일이란 꼭 피해야 하는 수고나 저항해야 하는 착취가 아닐지도 모른다. 다른 관점도 있다. 즉 일에는 가치가 있고, 노동자에게 목적과 의미를 부여하며, 다른 사람과의 사회적 관계, 더 큰 무언가에 속한다는 느낌, 건강, 책임을 행사할 기회 등과 같은 다양한 혜택이 있다는 것이다(Boddington, 2016). 이 관점이 옳다면 우리는 아마도 인간을 위해 일을 **남겨 두어야** 할 것이다. 아니 적어도 이런 좋은 것을 실현할 기회를 제공하는 의미 있는 일부 종류의 일은 그래야 한다. 아니면 최소한 일부 과제만이라도 말이다.

AI가 전체 일자리를 차지할 필요는 없되 일부 덜 의미 있는 과제는 가져갈 수 있을 것이다. 우리는 AI와 협업할 수 있다. 예를 들어 (보스트롬이 제안한 바처럼) 창의적인 일은 AI에 위임하지 않기로 정할 수 있고, 혹은 AI와 협업하여 창의적인 일을 하기로 정할 수 있다. 이런 생각의 밑바탕에 깔린 우려는 만약 지금 우리가 살면서 하는 모든 일을 기계가 대신하게 되면 우리가 할 일이 아무것도 남지 않게 되어 삶이 무의미해지는 모습을 보게 되리라는 것일 수 있다. 하지만 이는 거창한 '만약'이다. AI가 할 수 있는 일에 대한 회의론(3장 참조)과 우리가 하는 아주 많은 활동은 '일'이 아니면서도 매우 의미 있다는 사실을 염두에 둔다면 아마도 우리에게는 해야 할 많은 일이 남겨지게 될 것이다. 그렇다면 문제는 기계가 **모든** 일과 활동을 수행할 때 인간은 무엇을 할 것인가가 아니다. 문제는 우리가 인간을 위해 남겨 두고 싶고 또 남겨 두어야 하는 과제가 무엇이며, 우리가 그런 과제를 수행할 때 AI가 윤리적으로 선하고 사회적으로 수용 가능한 방식으로 우리를 지원하기 위해 할 수 있는 역할이 혹시 있다면 과연 그것이 무엇일지가 될 것이다.

결론적으로 AI 윤리는 선하고 공정한 사회가 무엇인지, 의미 있는 인간 삶이 무엇인지, 그리고 이와 관련하여 기술의 역할이 무엇이고 또 무엇일 수 있는지에 대해 생각하게 한다. 고대 철학을 포함해 철학은 오늘날의 기술과 그 잠재력, 그리고 현실적인 윤리적, 사회적 문제에 대해 사유하기 위한 훌륭한 영감의 원천이 될 수 있다. AI가 선하고 의미 있는 삶에 관한 그러한 아주 오래된 의문을 다시 한번 제기한다면 우리는 다양한 철학적, 종교적 전통 안에서 그러한 의문을 다루는 데 도움이 될 수 있는 자원을 얻을 수 있다. 예를 들어 섀넌 발러Shannon Vallor(2016)가 주장했듯이 아리스토텔레스, 공자, 여타 고대 사상가들이 발전시킨 덕 윤리의 전통은 오늘날 기술 시대에 인간의 번영이란 무엇이고 무엇이어야 하는지를 숙고하는 데 도움이 될 수 있다. 달리 말하자면 우리는 이미 그런 의문에 대한 답을 가지고 있는 것일 수도 있다. 하지만 AI를 포함한 현재 기술의 맥락에서 좋은 삶이 의미하는 바가 무엇인지 생각해 보기 위해서는 어느 정도 노력을 기울일 필요가 있다.

하지만 '좋은 삶의 AI 윤리'와 현실 세계를 위한 AI 윤리 일반을 발전시킨다는 발상은 여러 가지 문제에 직면한다. 첫째는 **속도**다. 서양철학이 아리스토텔레스에게서 물려받은 덕 윤리의 모형은 기술이 그렇게 빠르게 변화하지 않고 사람들이 실천적 지혜를 배울 시간이 있는, 느리게 변화하는 사회를 가정한다. 그런 모형이 빠르게 변화하는 사회(Boddington, 2016)와 AI 같은 기술의 급속한 발전에 어떻게 대처할 수 있을지는 분명치 않다. AI 같은 기술의 사용에 대응하고 그와 관련하여 실천적 지혜를 개발하고 소통할 시간이 우리에게 아직 남아 있을까? 윤리는 너무 늦게 오는 것일까? 철학이라는 미네르바의 올빼미가 마침내 날개를 펼쳤을 때 세상은 이미 알아볼 수 없을 정도로 변해 있을지도 모른다. 현실 세계의 발전이라는 맥락에서 그러한 윤리의 역할은 무엇이고 또 무엇이어야 할까?

둘째, 사회 내에 이에 관하여 다양하고 다원적인 견해가 존재하고 사회 간에 문화적 차이가 있다는 점을 고려할 때, 어떻게 기술과 함께 선하고 의미 있는 삶을 살 것이냐에 관한 질문은 당연히 장소와 맥락에 따라 다르게 답해질 수 있을 것이다. 실제로 그런 답변은 온갖 종류의 정치적 과정의 대상이 되어 합의에 도달할 수도 있고 그러지 못할 수도 있을 것이다. 이런 다양성과 다원성을 인정하는 것이 더 다원주의적인 접근법으로 이어질 수도 있으며, 또한 상대주의의 형태를 띨 수도 있다.

20세기 철학과 사회 이론, 특히 이른바 포스트모더니즘은 특정한 지리적, 역사적, 문화적 맥락(예를 들면 '서구')에서 특정한 이해관계 및 권력관계와 관련하여 등장한 것이면서도 보편적인 것처럼 제시되는 답변에 대해 많은 회의론을 제기해 왔다. 또한 정치가 합의를 목표로 해야 하는지에 대해서도 의문이 제기되고 있다(샹탈 무페 Chantal Mouffe의 연구를 참조하라. 예를 들면 무페, 2013). 합의는 항상 바람직한가, 아니면 AI의 미래를 둘러싼 필사적 투쟁에도 어떤 이점이 있을 수 있을까? 또한 **권력**과 관련한 문제도 있다. 현실 세계에서 윤리를 생각한다는 것은 AI와 관련하여 **무엇을** 해야 하는지뿐만 아니라 AI의 미래, 즉 우리 사회의 미래를 **누가** 결정할 것이고 누가 결정해야 하는지도 생각해야 한다는 것을 뜻한다. 전체주의와 대기업의 권력 문제를 다시 한번 생각해 보라. 전체주의와 금권정치를 거부한다면 AI와 관련한 민주적 의사 결정은 무엇을 의미할까? 정치인과 시민에게는 AI에 관하여 어떤 종류의 지식이 필요할까? AI

와 그 잠재적 문제에 대한 이해가 너무 부족하면 테크노크라시에 빠질 위험, 아니 아예 AI 정책의 공백 상태가 될 위험에 직면할 것이다.

하지만 다음 장에서 보겠지만 최근 등장한 AI 관련 정치 과정 중 적어도 하나는 시의적절한 야망을 드러낸다. 또한 그것은 선제적이고, 합의를 목표로 하며, 놀라운 수준의 수렴을 보여 주고, 부끄럽지 않은 종류의 보편주의를 고수하는 것처럼 보이며, 전문 지식을 기반으로 하고, 민주주의의 이상을 위해 최소한 말치레라도 공공선과 공익을 위해 이바지하면서 모든 이해관계자를 참여시킨다고 말하고 있다. 바로 AI 정책 형성이다.

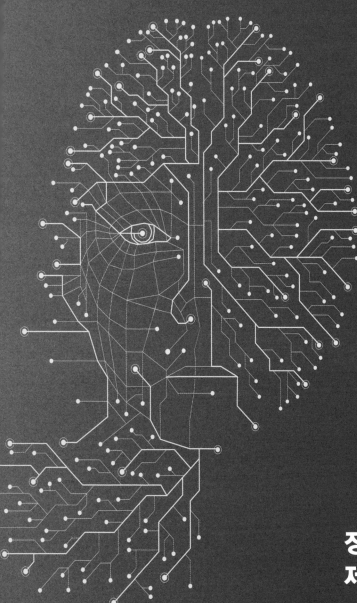

10장

**정책
제안**

해야 할 일과, 정책 입안자들이 답해야 할 다른 질문들

AI와 관련한 윤리적 문제를 고려할 때, 무언가를 해야 한다는 것은 분명하다. 따라서 대부분의 AI 정책 이니셔티브에는 AI의 윤리가 포함된다. 오늘날 이 분야에는 많은 이니셔티브가 있으며 이는 박수받아야 한다. 그러나 **무엇을** 해야 하는지, 정확히 어떤 행동 방침을 택해야 하는지가 그렇게 분명하지는 않다. 예를 들어 현재 상태의 기술, 사회에 존재하는 편향, 정의와 공정성을 바라보는 다양한 관점을 고려할 때 투명성이나 편향에 어떻게 대처해야 할지가 그렇게 분명하지 않다.

선택할 수 있는 가능한 방침 또한 많다. 정책이란 법이나 지시를 통한 규제, 즉 법적 규제를 의미할 수도 있지만 기술적 조치, 윤리 강령, 교육 등 법적 규제와 연결될 수도, 연결되지 않을 수도 있는 다른 전략도 있다. 그리고 규제 안에는 법뿐만 아니라 ISO 규범과 같은 표준도 있다. 또한 정책 제안서에서 답해져야 할 다른 부류의 의문도 있다. **무엇을** 해야 하는지뿐만 아니라, **왜** 해야 하는지, **언제** 해야 하는지, **얼마나** 해야 하는지, **누가** 해야 하는지, **문제의 성격**, **범위**, **시급성**은 어떠한지 등의 의문이다.

첫째, 제안하는 조치를 정당화하는 것이 중요하다. 예를 들어 편향된 알고리듬의 의사 결정을 줄이기 위한 제안을 정당화하기 위해 인권의 원리에 근거를 둘 수 있다.

둘째, 기술 발전에 대응하는 정책은 기술이 이미 사회에 자리 잡고 난 후 너무 늦게 제출되는 경우가 많다. 그러지 말고 기술이 완전히 개발되어 사용되기 전에 정책을 만들려고 노력할 수 있다. AI의 경우 이미 많은 AI가 세상에 나와 있기는 하나 여전히 어느 정도는 가능하다. 시간적 측면은 정책의 시간 범위와도 관련이 있다. 향후 5년 또는 10년만을 위한 정책인가, 아니면 더 장기적인 틀을 마련하기 위한 정책인가? 여기서 우리는 선택을 해야 한다. 예를 들어 대부분의 제안이 그러하듯 장기적인 예측을 무시하고 가까운 미래에 초점을 맞출 수도 있고, 혹은 인류의 미래 비전을 제시할 수도 있다.

셋째, 모든 사람이 문제 해결을 위해 많은 조치가 새로 필요하다는 데 동의하는 것은 아니다. 현행 법규로도 AI를 충분히 다룰 수 있다고 주장하는 사람들과 조직들이 있다. 그 말이 옳다면 입법자들이 할 일은 많지 않고 법을 해석하는 사람들과 AI를 개발하는 사람들이 더 많은 일을 해야 할 것이다. 또 어떤 사람들은 근본적인 문제를 해결하고 미래 세대를 준비하기 위해 법체계를 포함하여 사회 및 사회 제도를 근본적으로 재고할 필요가 있다고 생각한다.

넷째, 정책 제안은 누가 행동에 나서야 하는지를 분명히 해야 한다. 행위 주체는 하나가 아니라 여럿일 수 있다. 앞서 본 바와 같이 모든 기술적 행위에는 많은 이의 영향력이 관여한다. 이는 정책과 변화에 대한 책임을 어떻게 배분할 것인가의 문제를 불러일으킨다. 예를 들어 조치를 하는 것은 주로 정부의 몫일까, 아니면 윤리적 AI를 보장하기 위해 가령 기업체와 산업계가 자체적으로 행동 방침을 개발해야 할까? 기업체에 관해 말하자면 대기업만 나서야 할까, 아니면 중소기업도 함께 나서야 할까? 그리고 (컴퓨터) 과학자와 엔지니어 개개인의 역할은 무엇인가? 시민의 역할은 무엇인가?

다섯째, 무슨 일을 해야 하고, 얼마나 많은 일을 해야 하는지를 포함해 여러 질문에 답하는 것은 문제 자체의 성격, 범위, 긴급성을 어떻게 규정하느냐에 결정적으로 달린 문제다. 예를 들어 기술 정책에서는(그리고 실제로 AI 윤리에서도) 어느 곳에서나 새로운 문제를 바라보는 경향이 있다. 그러나 앞 장에서 우리는 새로운 기술에만 국한되는 것이 아니라 오래전부터 존재해 왔을 수도 있는 문제가 많다는 것을 살펴보았다. 더구나 편향에 관한 논의에서도 드러났듯이 무엇을 해야 한다고 제안할 것이냐는 우리가 문제를 정의하는 방식에 달려 있다. 이를테면 그것은 정의正義의 문제인가, 그리고 만약 그렇다면 어떤 종류의 정의가 위협받고 있는가? 그런 정의定意

에 따라 제안하는 대책의 형태가 달라질 것이다. 예를 들어 누군가 소수집단 우대 조치를 제안하는 경우에 이는 문제를 정의하는 특정 방식에 그 뿌리를 두게 된다.

마지막으로 AI의 정의 그 자체도 또한 역할이 있다. 그 정의는 항상 논쟁의 여지가 있으며 정책의 범위를 정하는 데도 중요하다. 예를 들어 AI와 스마트 자율 알고리듬 또는 AI와 자동화 기술을 명확하게 구분하는 것이 가능하고 바람직할까? 이러한 모든 의문이 AI 정책 수립을 잠재적으로 논란의 여지가 있는 일거리로 만든다. 실제로 새로운 법규가 얼마나 많이 필요한지, 정확히 어떤 원칙을 바탕으로 조치를 정당화할 것인지, 윤리가 다른 고려 사항(예를 들면 기업과 경제의 경쟁력 같은)과 균형을 이루어야 하는지에 대해 많은 의견 차이와 긴장이 존재한다. 하지만 실제 정책 문서를 살펴보면 놀라운 수준의 수렴이 발견되기도 한다.

윤리적 원칙과 정당성

AI로 인해 제기되는 윤리적, 사회적 도전에 대처하는 것이 시급하고 중요하다는 직관이 널리 공유되면서 AI의 윤리적 문제를 확인할 뿐만 아니라 정책에 대한 규범적 지침의 제공을 목표로 하는 이니셔티브와 정책 문서가 쏟아져 나오고 있다. 정부 및 국가 윤리위원회와 같은 기관, 구글 같은 기술 기업, IEEE 같은 엔지니어 전

AI로 인해 제기되는 윤리적,
사회적 도전에 대처하는 것이
시급하고 중요하다는 직관이
널리 공유되면서
이니셔티브와 정책 문서가
쏟아져 나오고 있다.

문직 단체, EU 같은 정부 간 조직, 비정부 비영리 단체, 연구자 등 다양한 행위 주체들이 윤리적 요소가 포함된 AI 정책을 제안했다.

최근의 몇 가지 이니셔티브와 제안을 검토해 보면 대부분 문서가 원칙을 명시하여 정책의 정당성을 설명하는 것으로 시작한 다음에 확인된 윤리적 문제와 관련하여 몇 가지 권고를 내놓는 것으로 나타났다. 앞으로 보겠지만 이러한 **문제와 원칙들**은 매우 유사하다. 이니셔티브는 흔히 일반적인 윤리적 원칙과 전문 윤리 강령의 원칙에 의존한다. 몇 가지 제안을 검토해 보자.

대부분의 제안은 초지능 기계가 주도하는 공상 과학 시나리오를 거부한다. 예를 들어 오바마 대통령 재임 시절 미국 정부는 「AI의 미래를 위한 준비」 보고서를 발표했는데, 이 보고서에서는 초지능 일반 AI에 대한 장기적인 우려가 "현재 정책에 거의 영향을 미치지 않을 것"이라고 명시적으로 주장한 바 있다(대통령 직속 행정실, 2016, 8). 대신 이 보고서는 편향성 및 개발자조차도 그런 결과를 방지할 수 있을 만큼 시스템을 충분히 이해하지 못할 수 있는 문제 등 기계학습이 제기하는 현재와 가까운 미래의 문제에 대해 논의한다. 이 보고서는 AI가 혁신과 경제 성장에 도움이 된다는 점을 강조하고 자율 규제를 강조하지만, 미국 정부가 애플리케이션의 안전성과 공정성을 모니터링하고 필요한 경우 규제 체제를 조정할 수 있다고 말한다.

오늘날 유럽의 많은 국가에서 윤리적 요소를 포함한 AI 전략을 수립한다. '설명 가능한 AI'는 많은 정책 입안자가 공유하는 목표다.

영국 하원(2018)은 알고리듬의 책임 문제에서 핵심은 투명성과 설명에 대한 권리이며, 산업계와 규제 당국은 편향된 알고리듬 의사결정에 맞서야 한다고 말한다. 영국 상원의 AI에 관한 선별 위원회도 AI의 윤리적 함의를 조사하고 있다. 프랑스의 「빌라니 보고서」는 배제 문제를 강화하거나 불평등을 증대하거나, 블랙박스 알고리듬이 지배하는 사회로 이어지는 일이 없도록 '의미 있는 AI'를 지향하기 위한 노력을 제안한다. 즉 AI는 설명할 수 있고 환경 친화적이어야 한다는 것이다(Villani, 2018).

　오스트리아는 최근 인권, 정의와 공정성, 포용과 연대, 민주주의와 참여, 비차별, 책임, 기타 유사 가치에 기초한 정책 권고안을 마련하는 로봇공학 및 AI 전담 국가 자문위원회¹를 구성했다. 또한 위원회에서 내놓은 백서는 설명 가능한 AI를 권장하며, 책임은 인간에게 있고 AI는 도덕적으로 책임을 질 수 없다고 명시적으로 밝혔다(ACRAI, 2018). 국제 조직과 콘퍼런스도 매우 활발하다. 예를 들어 국제 데이터 보호 콘퍼런스 및 프라이버시 위원회는 공정성, 책임성, 투명성과 명료성, 책임 있는 설계와 프라이버시를 고려한 설계(전체 공학 과정에서 프라이버시를 고려해야 한다는 것을 요청하는 개념), 개인의 권한 부여, 편향이나 차별의 감소와 완화를 포함한 AI 윤리와 데이터 보호에 관한 선언을 발표했다(ICDPPC, 2018).

　일부 정책 입안자들은 '신뢰 가능한 AI'이라는 관점에서 목표를 설정한다. 예를 들어 AI 정책 수립 분야에서 의심의 여지 없는 국제적 주도 세력 중 하나인 유럽위원회는 그 용어에 큰 비중을 두고 있다. 2018년 4월에 유럽위원회는 '인공지능 고위 전문가그룹'을 신설하여 새로운 일군의 AI 지침을 만들었으며, 2018년 12월에는 AI에 대한 인간 중심적 접근 및 기본권과 윤리적 원칙을 존중하는 신뢰 가능한 AI 개발을 촉구하는 윤리 지침이 포함된 실무 문서 초안을 공개했다. 인간의 존엄성, 개인의 자유, 민주주의, 정의와 법치, 시민의 권리에 대한 존중이 그러한 기본 권리로 언급되었다. 윤리적 원칙들은 유익성(이롭게 하고)과 무해, 자율성(인간 행위주체성의 보존), 정의(공정함), 해명 가능성(투명하게 운영)이다. 이러한 원칙들은 생명윤리에서 제기된 익숙한 것이지만, 이 문서는 해명 가능성을 추가하고 AI가 제기하는 구체적인 윤리적 문제를 강조하는 해석을 포함하고 있다.

예를 들어 무해 원칙은 AI 알고리듬이 차별, 조작, 부정적 프로파일링을 피하고 아이와 이민자 등 취약 계층을 보호해야 함을 요구하는 것으로 해석된다. 정의의 원칙은 AI 개발자와 실행자가 개인이나 소수집단이 편향으로부터의 자유를 유지할 수 있도록 보장해야 한다는 요구를 포함하는 것으로 해석된다. 해명 가능성의 원칙은 AI 시스템이 검사될 수 있고 '이해력과 전문성 수준이 다양한 인간이 명료하게 이해할 수 있어야 함'을 요구하는 것으로 여겨진다(유럽위원회 AI HLEG, 2018). 2019년 4월에 발표된 최종 판본에서는 설명 가능성이 기술적 절차에 대한 설명뿐만 아니라 이와 관련한 인간의 의사 결정에 관한 것이기도 함을 명시하고 있다(유럽위원회 AI HLEG, 2019).

이전에 또 다른 EU 자문 기구인 '과학 및 신기술 유럽 윤리 그룹EGE'은 AI, 로봇공학 및 자율 시스템에 관한 성명을 발표하여 인간의 존엄성, 자율성, 책임, 정의, 형평성, 연대, 민주주의, 법치와 책무성, 보안과 안전, 데이터 보호와 프라이버시, 지속 가능성 등의 원칙을 제안한 바 있다. 인간 존엄성의 원칙이란 사람이 기계와 상호 작용할 때건 다른 사람과 상호 작용할 때건 인간 존엄성을 인식하게 해야 함을 함의한다(EGE, 2018). 또한 EU는 이미 AI의 개발 및 사용과 관련한 기존 규정을 갖추고 있다. 2018년 5월에 제정된 일반 데이터 보호 규정GDPR은 데이터 프라이버시와 관련하여 모든 EU 시민의 보호와 권한 부여를 목적으로 한다. 여기에는 잊힐 권리(데이터 주체가 자신의 개인 데이터를 삭제하고 더는 해당 데이터를 처리하는 일이 없도록 요청할 수 있는)와 프라이버시를 고려한 설계와 같은 원칙들이 포함된다. 그 규정은 또한 데이터 주체에게 자동화된 의사 결정에 '수반된 논리에 대한 유의미한 정보'와 그러한 처리 과정의 '예견되는 결과'에 관한 정보에 접근할 수 있는 권리를 부여한다(유럽의회와 EU 이사회, 2016). 정책 문서와의 차이점은 여기서 그러한 원칙들은 법적 요건이라는 점이다. 이것은 법으로 강제되는 것으로서, 이를테면 GDPR를 위반하는 조직에는 벌금이 부과될 수 있다. 하지만 GDPR의 조항이 내려진 결정에 대한 온전한 설명의 권리를 보장하는지(Digital Europe, 2018), 더 일반적으로는 자동화된 의사 결정의 위험에 대해 충분한 보호를 제공하는지에 대해서는 의문이 제기되고 있다(Wachter, Mittelstadt, Floridi, 2017). GDPR

은 자동화된 의사 결정에 관하여 알 권리를 제공하지만, 모든 개별 결정에 대해 그 근거에 관한 설명을 요구하는 것으로 보이지는 않는다. 이는 그것이 법률적 영역의 의사 결정일 때 우려되는 부분이기도 하다. 인권 전문가 위원회의 작업을 기반으로 한 유럽평의회의 한 연구는 개개인에게 자신이 이해할 수 있는 용어로 공정한 재판과 적법 절차를 적용받을 권리가 부여되어야 한다고 요구한다 (Yeung, 2018).

물론 법적 논의는 AI 윤리 및 AI 정책에 대한 논의와 매우 관련이 크다. 터너(Turner, 2019)는 동물과의 비교(동물이 법에서 어떻게 취급되고 있으며, 동물에게 권리가 있는지 없는지)를 논의하고, 여러 가지 법적 수단이 AI에 어떤 의미가 있을지 검토했다. 예를 들어 피해를 주었을 때 과실 문제는 설령 의도된 피해가 아닐지라도 그것을 방지해야 할 주의 의무가 있는지와 관련이 있다. 이는 AI의 설계자나 트레이너에게도 적용될 수 있다.

그러나 AI의 결과를 예측하는 일이 과연 쉬운 일일까? 대조적으로 형법에서는 해를 끼치려는 의도가 있어야 한다. 하지만 AI의 경우는 대개 그렇지 않다. 반면에 제조물 책임법에서는 개인의 잘못을 따지지 않고 그런 잘못과 관계없이 그 기술을 생산한 회사가 손해배상을 하게 되어 있다. 이는 AI에 관한 법적 책임 문제의 한 가지 가능한 해결책이 될 수 있다.

저작권이나 특허 같은 지적재산권법도 또한 AI와 관련이 있으며, 법적 허구지만 현재 기업과 다양한 조직에 적용되고 있는 방편인 AI '법인격'에 대한 논의도 등장하고 있다. 법인격을 AI에도 적용해야 할까? 2017년 유럽의회는 논란의 여지가 있는 결의안을 통해 가장 정교한 자율 로봇에 전자적 인격체의 지위를 부여하는 것이 법적 책임 문제에 대한 한 가지 가능한 법적 해결책이라고 제안했다. 이 발상은 유럽위원회의 2018년도 AI 전략에서 채택되지 **않았다.**[2] 어떤 사람들은 기계에 권리와 인격성을 부여한다는 발상 자체에 격렬히 반대하면서, 예를 들어 사람들이 이기적인 목적을 위해 이 개념을 악용하려고 할 것이므로 누군가에게 책임을 묻는 것이 불가능하지는 않더라도 어려워질 것이라고 주장했다(Bryson, Diamantis, Grant, 2017). 2017년 사우디아라비아에서 '시민권'을 부여받은 로봇 소피아의 유명 사례도 있다. 그런 사례는 로봇과 AI의 도덕적 지위에 관한 질문을 다시금 제기한다(4장 참조).

AI 정책은 또한 북미와 유럽 이외 지역에서도 제안되고 있다. 예를 들어 중국은 국가 AI 전략을 수립했다. 중국의 발전 계획은 AI가 사회 안정에 영향을 미치고, 법과 사회 윤리에 파급력이 있으며, 개인의 프라이버시를 침해하고, 안전의 위험을 초래할 수 있는 파괴적인 기술임을 인정한다. 이는 그에 따라서 미래 지향적인 예방과 위험의 최소화 노력을 강화할 것을 권고하고 있다(중국 국무원, 2017). 서구의 일부 관계자들은 중국이 자기네를 추월할 것이라거나 심지어 새로운 세계대전이 다가오고 있다고 우려하는 등 경쟁 서사를 이야기한다. 다른 이들은 중국의 전략에서 **배우려고** 한다.

연구자들은 서로 다른 문화마다 AI를 다루는 방식이 어떻게 다른지 물을 수도 있다. AI 연구 자체가, 예를 들어 그것이 도덕적 딜 레마와 관련하여 개인주의 문화와 집단주의 문화 간의 차이를 상기 시켜 줄 때처럼 AI 윤리에 대해 더 교차 문화적이거나 비교적인 관점을 취하는 데 이바지할 수도 있다(Awad 외, 2018). 이를 통해 보편성을 목표로 하는 AI 윤리에 문제를 제기할 수도 있을 것이다. 예를 들어 중국이나 일본의 AI 서사가 서양의 서사와 어떻게 다른지 탐구해 볼 수도 있다. 하지만 문화적 차이에도 불구하고 AI 윤리 정책은 상당히 유사한 것으로 나타난다. 중국의 계획은 사회적 안정과 공동선에 더 강조점을 두고 있지만, 확인된 윤리적 위험과 언급된 원칙은 서구 국가들에서 제안한 것과 크게 다르지 않다.

하지만 앞서 언급했듯이 AI 윤리 정책은 정부와 그 위원회나 기구에만 국한된 것이 아니다. 학계에서도 이니셔티브를 택하고 있다. 예를 들어 몬트리올대학교가 제안한 '책임 있는 AI를 위한 몬트리올 선언'에는 시민, 전문가, 기타 이해관계자의 자문이 담겨 있다. 이 선언은 AI의 개발이 모든 감각력 있는 생명체의 안녕과 인간의 자율성을 증진하고, 모든 유형의 차별을 없애고, 개인의 프라이버시를 존중하고, 선동과 조작으로부터 우리를 보호하고, 민주적 토론을 촉진하고, 다양한 행위 주체가 AI의 위험에 대응하기 위한 노력에 책임을 다해야 한다고 말한다(Universite de Montreal, 2017). 다른 연구자들은 유익성, 해악 금지, 자율성, 정의, 해명 가능성의 원칙을 제안했다(Floridi 외, 2018).

케임브리지나 스탠퍼드 같은 대학에서는 주로 응용윤리의 시

문화적 차이에도 불구하고
AI 윤리 정책은
상당히 유사한 것으로
나타난다.

각에서 AI 윤리를 연구한다. 전문직 윤리를 연구하는 사람들도 유용한 작업을 하고 있다. 예를 들어 산타클라라대학교의 마크쿨라 응용윤리 센터는 기술과 공학 실무에 쓸모가 있는 여러 윤리 이론을 툴킷으로 제공하고 있는데, 이 또한 AI 윤리에 활력을 불어넣을 수 있다.[3] 그리고 기술철학자들도 최근 AI에 많은 관심을 보이고 있다.

산업계에서도 AI 윤리에 관한 이니셔티브를 찾아볼 수 있다. 예를 들어 AI 파트너십에는 딥마인드, IBM, 인텔, 아마존, 애플, 소니, 페이스북과 같은 기업이 참여하고 있다.[4] 많은 기업이 윤리적 AI의 필요성을 인식하고 있다. 예를 들어 구글은 사회적 이익을 제공하고, 불공정한 편향을 조성하거나 강화하지 않고, 안전을 강화하고, 책무성을 유지하고, 프라이버시를 고려한 설계를 유지하고, 과학적 우수성을 증진하고, 국제법과 인권의 원칙을 위반하는 무기나 기술 같은 잠재적으로 유해하거나 폭력적인 애플리케이션을 제한하는 등의 AI 윤리 원칙을 발표했다.[5] 마이크로소프트는 '선을 위한 AI'를 언급하면서 공정성, 신뢰성과 안전성, 프라이버시와 보안, 포용성, 투명성과 책무성의 원칙을 제안했다.[6] 액센추어는 데이터 배후에 있는 사람들, 프라이버시, 포용성과 투명성에 대한 존중을 포함한 데이터 윤리의 보편 원칙을 제안했다.[7] 기업이 내놓는 문서들은 자율 규제에 중점을 두는 경향이 있지만, 일부 회사는 외부 규제의 필요성을 인정한다. 애플의 CEO 팀 쿡Tim Cook은 자유 시장이 작동하지 않기 때문에 예를 들면 프라이버시를 위한 기술 규제가 불가피하다고 말한 바 있다.[8] 그러나 그렇다고 새로운 규제가 필요한

지에 대해서는 논란이 있다. 일부에서는 법률 신설을 포함한 규제의 길을 지지한다. 캘리포니아주는 이미 봇의 공개를 의무화하는 법안을 제안한 바 있다. 이 법안에 따르면 봇의 인공적 정체성을 오도하는 방식으로 타인에게 봇을 사용하는 것은 불법이다.[9] 다른 사람들은 더 보수적인 태도를 보인다. 유럽의 디지털 산업을 대표하는 디지털 유럽Digital Europe(2018)은 오늘날의 법적 체제는 편향과 차별을 포함한 AI 관련 우려를 다룰 채비가 되어 있으나 신뢰를 구축하기 위해서는 투명성, 설명 가능성, 해석 가능성이 중요하다고 주장한다. 사람과 기업은 알고리듬이 의사 결정에 언제 어떻게 사용되는지 이해해야 하며, 의미 있는 정보를 제공하고 알고리듬이 내린 결정의 해석을 손쉽게 해 줄 필요가 있다는 것이다.

　비영리 단체도 중요한 참여자다. 예를 들어 살상용 자율 무기를 막기 위한 국제 캠페인은 AI의 군사적 응용과 관련하여 많은 윤리적 우려를 제기한다.[10] 트랜스휴머니스트 쪽에서 나온 아실로마 AI 원칙Asilomar AI principles이 있는데, 미래생명연구소the Future of Life Institute가 주최한 협의회에서 학계와 산업계 참가자들(맥스 테그마크 Max Tegmark 등)이 이 원칙에 동의를 표한 바 있다. 전반적인 목표는 AI를 계속 유익하게 활용하면서 안전, 투명성, 책임, 가치 정렬, 프라이버시, 인간적 통제와 같은 윤리적 원칙과 가치를 존중하는 것이다.[11] AI 정책을 연구하는 전문 기관도 있다. 세계 최대의 기술 전문 단체임을 자임하는 전기전자기술자협회The Institute of Electrical and Electronics Engineers, IEEE는 '자율 및 지능형 시스템 윤리에 관한 글로벌 이니셔티브'를 제시했다. 이 이니셔티브는 전문가들의 논의를 거쳐 '윤리적으로 정렬된 설계'에 대한 비전을 담은 문서로 작성되었고, 이러한 기술의 설계, 개발 구현이 인권, 복지, 책무성, 투명성, 오용의 자각이라는 일반 원칙들을 지침으로 삼아야 한다고 제안했다. 글로벌 기술 표준 안에 윤리를 구현한다는 것은 윤리적 AI의 발전에 이바지하는 효과적인 방법이 될 수 있다.

기술적 해결책 및 방법과 운영의 문제

IEEE 글로벌 이니셔티브는 대책의 측면에서 일부 정책 문서가 기술적인 해결책에 초점을 맞추고 있음을 보여 준다. 예를 들어 앞 장에서 언급했듯이 일부 연구자들은 블랙박스를 열기 위해 설명 가능한 인공지능을 요구했다. 그러기를 원하는 데는 훌륭한 이유가 있다. 자신의 결정 배후에 있는 근거를 설명하는 일은 윤리적으로 요구될 뿐만 아니라 인간 지능의 중요한 측면이기도 하기 때문이다 (Samek, Wiegand, Muller, 2017). 설명 가능한 AI 혹은 투명한 AI라는 발상은 AI가 택한 행동과 결정이 쉽게 이해되어야 한다는 것이다. 앞서 살펴본 바와 같이 신경망을 사용하는 기계학습의 경우는 이 발상을 구현하기가 어렵다(Goebel 외, 2018). 그러나 당연히 정책이 이런 방향의 연구를 지원할 수 있다.

일반적으로 새로운 기술의 설계 안에 윤리를 포함한다는 것은 훌륭한 발상이다. 윤리를 고려한 설계나 가치에 민감한 설계 같은 발상은 그 자체의 이력이 있으며[12] 더 많은 책무와 책임, 투명성을 끌어내는 방식으로 AI를 만드는 데 도움이 될 수 있다. 예를 들어 윤리를 고려한 설계는 모든 단계에서 추적 가능성을 보장해야 한다는 요건을 포함함으로써(Dignum 외, 2018), AI의 책무성에 이바지하게 할 수 있다. 추적 가능성이라는 발상은 문자 그대로 시스템의 동작에 대한 데이터를 기록한다는 의미로 받아들일 수 있다.

윈필드와 지로트카 Winfield & Jirotka(2017)는 로봇과 자율 시스템에 '윤리적 블랙박스'를 구현하라고 요청했다. 그것은 비행기에 설치된 블랙박스와 유사한 방식으로 로봇이 하는 일(센서가 수집한 데이터와 시스템의 '내부' 상태)을 기록한다. 이 발상은 자율적 AI에도 적용될 수 있다. 무언가 잘못되었을 때 그런 데이터가 정확히 무엇이 잘못되었는지 설명하는 데 도움이 될 수 있을 것이다. 소송 사건에 대한 윤리적, 법적 분석에도 도움이 될 수 있다. 더불어 연구자들이 올바르게 언급했듯이 우리는 규제가 엄격하고 안전 인증 절차가 까다로우며 사고 조사 과정이 가시적인 항공기 산업에서 무언가를 배울 수 있다. 유사한 규제와 안전 인프라를 AI에 대해서도 구축할 수 있을까? 다른 운수 교통 분야와 비교하자면 자동차 업계에서는 AI 자율 주행차에 대해서 인증제, 즉 일종의 '운전면허증' 제도를 제안하기도 했다.[13]

일부 연구자들은 한 걸음 더 나아가 기계 스스로 윤리적 결정을 내린다는 의미에서 '기계 윤리'를 시도하며 도덕적 기계의 제작

윤리를 고려한 설계나 가치에
민감한 설계 같은 발상은
더 많은 책무와 책임, 투명성을
끌어내는 방식으로
AI를 만드는 데 도움이 될 수 있다.

을 목표로 삼고 있다. 다른 이들은 이는 위험한 발상이며 그런 결정은 인간에게 맡겨야 한다고 주장한다. 온전한 윤리적 행위자를 만드는 것은 불가능하고, 게다가 기계가 굳이 온전한 윤리적 행위자가 될 필요가 없으며 기계로서는 안전하게 법을 준수하는 것으로 충분하다는 것이다(Yampolskiy, 2013). 혹은 온전한 도덕성에는 미치지 못하더라도 기계가 상대적으로 윤리적일 수 있게 하는 '기능적 도덕성'(Wallach and Allen, 2009)의 형태는 존재할 수 있다는 주장도 있다. 도덕적 지위 쟁점과 다시 연결되는 이 논의는 예를 들어 자율 주행차에 윤리를 구축하는 일이 어느 정도로 필요하고, 가능하고, 바람직한지, 그리고 그것이 어떤 종류의 윤리여야 하며 기술적으로 어떻게 구현되어야 하는지의 문제와 관련이 있다.

정책 입안자들은 설명 가능한 AI, 더 일반적으로는 설계에 윤리를 포함하는 것과 같은 AI 연구 및 혁신에서 그러한 방향성을 상당 부분 지지하는 경향이 있다. 예를 들어 고급 전문가 그룹 보고서는 규제, 표준화, 교육, 이해관계자 간 대화, 포용적 설계팀과 같은 비기술적 방법 외에도 윤리를 고려한 설계와 법치, 신뢰 가능한 AI를 위한 아키텍처, 시험과 검증, 추적 가능성과 감시 가능성, 설명 등 여러 가지 기술적 **방법을** 언급한다. 예를 들어 윤리를 고려한 설계는 프라이버시를 고려한 설계를 포함할 수 있다. 이 보고서는 또한 투명성에 이바지하는 방법으로서 추적 가능성처럼 신뢰 가능한 AI가 **운영될** 수 있는 몇 가지 방법을 언급한다. 규칙 기반 AI의 경우는 모델이 어떻게 구축되었는지가 명료화되어야 하며, 학습 기반 AI

의 경우는 데이터의 수집과 선택 방법을 포함하여 알고리듬을 훈련하는 방법이 명료화되어야 한다. 특히 중차대한 상황에서 AI 시스템의 검사 가능성이 보장되어야 한다(유럽위원회 AI HLEG, 2019).

방법과 운영의 문제는 매우 중요하다. 여러 가지 윤리적 원칙을 호출하는 일과 그런 원칙의 실제 구현 방법을 규명하는 일은 서로 다르다. 개발 및 공학 프로세스에 더 가깝다고 여겨지는 프라이버시를 고려한 설계 같은 개념조차도 흔히 다소 추상적이고 일반적인 방식으로 공식화되기 때문에 **우리가 정확히 무엇을 해야 하는지는 불분명한 채로 남는다**. 이런 측면에서 다음 장에서는 AI 윤리 정책의 몇 가지 과제를 간략하게 논의할 것이다.

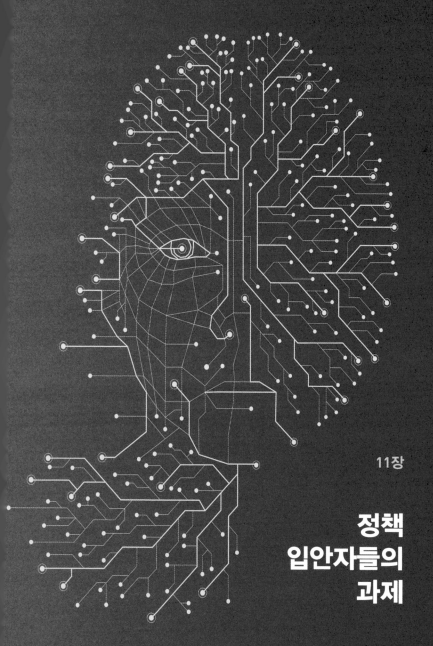

11장

정책
입안자들의
과제

선제적 윤리

　아마도 놀랄 일이 아니겠지만 AI 윤리 정책은 수많은 도전에 직면해 있다. 우리는 일부 정책 제안서가 AI 기술 개발의 초기 단계에 윤리를 고려해야 한다는 **선제적**(사전 예방적) AI 윤리 비전을 지지하는 것을 보았다. 기본 취지는 AI로 인한 윤리적, 사회적 문제가 이미 발생해서 자리를 잡고 난 다음에는 대처하기 어렵게 되는 상황을 방지하자는 것이다. 이는 책임 있는 혁신, 가치 내재화 설계 등 최근 몇 년 동안 제안된 유사한 발상과 맥락을 같이한다. 이는 이미 널리 사용되고 있는 기술의 부정적 결과에 대처해야 한다는 것에서 현재 개발 중인 기술에 책임을 다해야 한다는 것으로 문제를 전환하는 것이다.

　하지만 설계 단계에서 신기술의 의도하지 않은 결과를 예측하는 일은 쉽지 않다. 이 문제를 완화하는 한 가지 방법은 미래의 윤리적 결과에 대한 시나리오를 구성하는 것이다. 연구와 혁신에서 윤리를 실천하는 방법에는 여러 가지가 있는데(Reijers 외, 2018), 그중 하나는 현행 AI 서사의 영향을 연구하고 평가하는 것(Royal Society, 2018)뿐만 아니라, 특정 AI 애플리케이션에 관해 새롭고 더 구체적인 서사를 만드는 것이다.

실천 지향과 상향식

책임 있는 혁신은 윤리 내재화 설계를 의미할 뿐만 아니라 다양한 이해관계자의 의견과 이해를 고려해야 한다. 포괄적 거버넌스에는 광범위한 이해관계자 참여, 공개 토론, 연구와 혁신에서 초기에 이뤄지는 사회적 개입 등이 포함된다(Von Schomberg, 2011). 이는 예를 들어 포커스 그룹을 조직하고 다른 기법을 사용하여 사람들이 기술에 대해 어떻게 생각하는지 파악하는 경우를 의미할 수 있다.

이러한 책임 있는 혁신의 상향식 접근 방식은 정책 문서 대부분이 대개 하향식이면서 상당히 추상적인 응용윤리 접근 방식을 택하는 것과 다소 긴장 관계에 있다. 첫째, 광범위한 이해관계자들의 의견 수렴 없이 전문가들이 정책을 만드는 경우가 많다. 둘째, 설령 윤리를 고려한 설계 같은 원칙을 지지한다고 해도 그러한 원칙을 적용한다는 것이 실제로 무엇을 의미하는지는 너무 모호하게 남

책임 있는 혁신은
윤리 내재화 설계를
의미할 뿐만 아니라
다양한 이해관계자의 의견과
이해를 고려해야 한다.

겨 두는 경향이 있다. AI 정책이 작동하게 하려면 한편으로는 추상적이고 높은 수준의 윤리적, 법적 원칙과 다른 한편으로는 특정 맥락에서의 기술 개발과 사용 관행, 해당 기술, 그리고 그런 관행의 일부로서 그런 맥락에서 일하는 사람들의 목소리 사이에 다리를 놓는 것이 큰 과제로 남는다. 그리고 이러한 가교 구실이 제안서의 수신자에게 맡겨진다. 그보다는 정책 입안의 아주 초기 단계에서 더 많은 일을 할 수 있고 또 할 수 있어야 할까? 최소한 '무엇을'과 함께 '어떻게'에 대해 더 많은 작업이 요구된다. AI 윤리를 실제로 작동시키는 데 필요한 방법, 절차와 제도에 대해서 말이다. 우리는 **과정**에 더 많은 주의를 기울여야 한다.

AI 윤리와 연관 있는 '누가' 질문과 관련하여 실제로 AI를 사용하는 연구자와 전문가, 그리고 AI로 인해 잠재적으로 불이익을 받을 수 있는 사람들에게 더 많이 귀를 기울인다는 의미에서 **하향식**과 나란하게 상향식의 여지가 더 많이 필요하다. 우리가 민주주의의 이상을 지지하고 그 개념이 우리 사회의 미래에 대한 의사 결정과 관련하여 포용과 참여의 개념을 포함한다면 이해관계자의 목소리를 듣는 것은 선택이 아니라 윤리적, 정치적으로 필수인 셈이다. 일부 정책 입안자들은 어떤 형태로든 이해관계자 협의에 참여하지만(예를 들어 유럽위원회에는 자체 AI 협의체가 있다),[1] 그런 노력의 결실이 실제로 개발자와 기술의 최종 사용자, 그리고 가장 중요하게도 위험 대부분을 감당하면서 부정적인 결과와 함께 살아가야 할 사람들에게까지 미치게 될지는 여전히 의문이다. AI에 대한 의사 결정과 정책은 과연 얼마나 민주적이고 참여적일까?

민주주의의 이상은 상대적으로 소수의 대기업에 권력이 집중되어 있다는 사실로 인해 위험에 처해 있기도 하다. 폴 네미츠Paul Nemitz(2018)는 소수의 기업에 디지털 권력이 그렇게 집적되는 것은 문제라고 주장했다. 소수의 기업이 개개인에게뿐만 아니라 민주주의의 인프라에 대해서까지 권력을 행사한다면(우리를 프로파일링하여 권력을 중앙 집중화함으로써) 윤리적 AI에 이바지하려는 최선의 의도에도 불구하고 그러한 기업들은 또한 그런 AI에 접근하지 못하게 장벽을 쌓을 수도 있다. 따라서 공공의 이익을 보호하기 위해 경계를 설정하여 규제하고, 그런 기업들이 규칙을 스스로 만들어 내지 못하게 확실히 해 둘 필요가 있다. 머라 샤나한Marrah Shanahan은 또한 "권력, 부, 자원이 소수의 손에 집중되는 자기 영속화 경향"(2015, 166)이 더 공평한 사회를 만들기 어렵게 한다고 지적한 바 있다. 그것은 또한 사람들을 착취와 프라이버시 침해를 포함하여 온갖 종류의 위험에 취약하게 만든다. 예를 들면 유럽평의회 연구에서 "데이터 용도 변경의 소름 돋는 효과"라고 부른 위험 같은 것이다(Yeung, 2018).

그러한 상황을 환경 정책과 비교해 보면 각국이 AI 윤리와 관련하여 효과적이고 협력적인 조치에 나설 가능성에 대해서도 비관적일 수 있다. 예를 들어 지구온난화와 기후 변화 **문제 자체를** 부정하는 일이 심심치 않고 문제 해결을 위해 행동에 나서는 것을 반대하는 강력한 정치 세력이 존재하는 미국에서, 기후 변화 관련 정치

프로세스나 효과적인 공동의 기후 정책에 합의한 국제 기후 회의가 거둔 다소 제한적인 성공을 생각해 보라. AI가 제기하는 윤리적, 사회적 문제에 비추어 전 지구적 행동을 모색하는 사람들도 비슷한 어려움에 직면할 수 있다. 공익 이외의 이해관계가 우선시되는 경우가 많으며, AI를 포함한 새로운 디지털 기술에 대한 각국 정부 간 정책이 지극히 부족하다. 한 가지 예외는 AI와 관련한 측면도 있는 자동 살상 무기 금지에 대한 전 지구적 관심이다. 그러나 이는 예외적인 경우이며, 모든 나라가 지지하는 것도 아니다(예를 들어 미국에서는 여전히 논란이 되고 있다).

또한 좋은 의도에도 불구하고 윤리를 고려한 설계와 책임 있는 혁신에는 나름의 한계가 있다. 첫째, 가치 민감성 설계 같은 방법은 우리가 지닌 가치를 또박또박 진술할 수 있다는 것을 전제로 하며, 도덕적 기계를 구축하려는 노력은 우리가 윤리를 온전히 표현할 수 있다는 것을 가정한다. 하지만 그것이 반드시 그렇지는 않다. 우리의 일상적인 윤리는 또박또박 완전히 추론할 수 있는 문제가 전혀 아닐 수 있다. 때때로 우리는 윤리적 문제에 대한 자신의 대응을 완전히 정당화할 수 없는 채로 그 문제에 대응하기도 한다(Boddington, 2017). 비트겐슈타인의 용어를 빌리자면 우리의 윤리는 체화된 것일 뿐만 아니라 **삶의 형식** 안에 내재해 있기도 하다. 그것은 우리가 체화된 사회적 존재로서, 그리고 사회와 문화로서, 일하며 살아가는 방식과 깊이 연결되어 있다. 이것이 윤리와 도덕적 추론을 완전히 표현하려는 프로젝트에 한계를 설정한다. 이는 도덕적 기계를 개발하는 프로젝트에 문제를 제기하고 윤리와 민주주의가 **온전한** 숙의를 통해 성취될 수 있다는 가정에 도전한다. 그것은 또한 AI 윤리가 원칙의 목록을 통해서나 특정 법적, 기술적 방법을 통해 충분히 다뤄질 수 있다고 생각하는 정책 입안자들에게도 문제가 된다. 우리에게는 방법, 절차, 운영이 절대적으로 필요하다. 그러나 그것만으로는 충분하지 않다. 윤리는 기계처럼 작동하지 않으며, 정책과 책임 있는 혁신도 마찬가지다.

둘째, 이러한 접근 방식은 윤리적으로 기술 개발의 중단이 요구될 때 윤리를 차단하는 장벽이 될 수도 있다. 실제로는 그런 방식이 혁신의 기계에 윤활유를 치고, 수익 창출을 강화하고, 기술의 수용성을 보장하는 일종의 연료와 같은 역할을 하는 경우가 많다. 그것이 반드시 나쁜 일은 아닐 수 있다. 하지만 윤리적 원칙에 따라 해당 기술 또는 그 기술의 특정한 적용을 실제로 일시 멈추거나 중단해야 한다면 어떻게 될까?

크로퍼드와 칼로Crawford & Calo(2016)는 가치 민감성 설계와 책임 있는 혁신이라는 도구들은 기술이 개발될 것이라는 가정하에 작동하는 것이므로 기술의 구축 여부를 결정하는 문제에 관해서는 그다지 도움이 되지 않는다고 주장한다. 예를 들어 새로운 기계학습 애플리케이션들 같은 고급 AI의 경우 해당 기술이 아직 신뢰할 수 없거나 심각한 윤리적 결함이 있을 수도 있으며, 적어도 일부 애플리케이션은 (아직) 사용해서는 안 되는 것일 수도 있다. 중단이 항상 최선의 해결책인지와 관계없이 요점은 적어도 **질문을 던지고 결정할**

수 있는 공간이 있어야 한다는 것이다. 매우 중요한 그런 공간이 부족하다면 책임 있는 혁신은 결국 평소처럼 그대로 사업을 수행하게 만드는 미봉책이 되고 말 것이다.

긍정적 윤리를 향해

말 나온 김에 덧붙이자면 일반적으로 말하는 AI 윤리가 반드시 금지를 위한 것은 아니다(Boddington, 2017). AI 윤리가 실제로 작동하게 하는 데 또 다른 장벽은 기업이나 기술 연구자 등 AI 분야의 많은 참여 주체들이 여전히 윤리를 하나의 제약으로, 무언가 부정적인 것으로 생각한다는 점이다. 이런 생각이 전적으로 오도된 것은 아니다. 윤리는 종종 제약을 가해야 하고, 무언가를 제한해야 하고, 어떤 것은 용납할 수 없다고 말해야 한다. 그리고 우리가 AI 윤리를 진지하게 받아들이고 그 권고 사항을 이행한다면 특히 단기적으로는 몇 가지 주고받는 절충적 상황에 직면할 수 있다. 윤리는 돈, 시간, 에너지 측면에서 비용을 발생시킬 수 있다. 하지만 윤리와 책임 있는 혁신은 위험을 줄임으로써 기업과 사회의 장기적이고 지속 가능한 발전을 지원한다. 정책 입안자를 포함한 AI 분야의 모든 참여 주체에게 이것이 실제로 그렇다는 사실을 설득하는 것은 여전히 어려운 과제다. 또한 정책과 규제는 단순히 무언가를 금지하거나 더 어렵게 만드는 것만이 아니라 유인책 제공 같은 지원 방법이 될

AI 윤리가
반드시 금지를 위한 것은 아니다.
우리에게는 또한 좋은 삶과
좋은 사회의 비전을 발전시키는
긍정적 윤리가 필요하다.

수도 있다는 점에 유의하라.

더 나아가 한계를 설정하는 부정적 윤리 말고도 좋은 삶과 좋은 사회의 비전을 발전시키는 **긍정적** 윤리를 명시적이고 정교하게 만들어야 할 필요가 있다. 위에서 제안한 몇 가지 윤리적 원칙이 그러한 비전을 암시하고 있지만, 그런 방향으로 논의를 옮겨 가는 문제는 여전히 과제로 남아 있다. 앞서 주장했듯이 AI와 관련한 윤리적 의문은 단순히 기술에 관한 것이 아니라, 인간의 삶과 번영, 사회의 미래, 그리고 어쩌면 비인간, 환경, 지구의 미래에 관한 것이기도 하다(다음 장 참조). 그래서 AI 윤리와 AI 정책에 대한 논의는 개인으로서, 사회로서, 어쩌면 인류로서 우리가 자문해야 할 큰 질문으로 다시 한번 우리를 인도한다. 철학자들이 이러한 의문에 대한 우리의 생각을 도울 수 있다.

정책 입안자에게는 무엇이 중요하고 유의미하고 가치 있는지에 관한 생각을 포함하는 기술적 미래의 폭넓은 비전을 발전시키는 것이 과제다. 일반적으로 자유민주주의 사회에서는 그런 질문을 개인에게 맡기도록 설정되어 있고, 좋은 삶과 같은 문제에 대해서는 (적어도 일부 종류의 전쟁을 막고 안정과 번영에 이바지하는 수준에서 정치적 혁신 정도를 수행하는) '얕은' 태도를 취해야 한다고 여겨진다. 하지만 우리가 직면한 윤리적, 정치적 도전에 비추어 볼 때 더 실질적이고 '두터운' 윤리적 질문을 완전히 무시하는 것은 무책임한 일이 될 것이다. AI 정책을 포함해서 정책이란 긍정적 윤리에 관한 것이어야 한다.

그러나 정책 입안자들이 이를 수행하는 방법은 홀로 고고히 날아서 플라톤이 말하는 철학자 왕의 역할을 맡는 것이 아니라 테크노크라시와 참여 민주주의 사이의 적절한 균형을 찾는 것이다. 당면한 문제는 우리 모두와 관련한 것이며, 우리 모두에게 이해관계가 있는 것이다. 따라서 정부에 속한 사람이든 대기업에 속한 사람이든 소수의 손에 맡겨 둘 수 있는 문제가 아니다.

이는 다시 AI 정책에서 책임 있는 혁신과 참여를 어떻게 작동하게 할 것인가에 대한 질문으로 이어진다. 이것은 권력에 관한 문제일 뿐만 아니라 선에 관한 문제, 즉 개인을 위한 선과 사회를 위한 선에 관한 문제이기도 하다. 좋은 삶과 좋은 사회에 대한 우리의 현재 생각은, 어떻게든 그것을 명확하게 표현할 수 있다고 한다면, 마땅히 훨씬 더 많은 비판적인 논의를 요구할 수 있다. 서구의 경우 적어도 서구가 아닌 다른 정치 시스템과 다른 정치 문화로부터 배우고자 시도해 보는 것이 도움이 될 수 있다고 제안하고 싶다. 효과적이고 잘 정당화된 AI 정책이라면 이러한 종류의 윤리적·철학적, 정치적·철학적 논의에 다가가는 일을 회피하지 말아야 한다.

간학문적 연구와 학제 초월성

AI 윤리를 더욱 효과적으로 만들고 책임 있는 기술 개발을 지원하여 기술 연구자들이 새로운 AI '겨울'이라고 부르는 이른바 AI

개발 및 투자 둔화 사태를 피하고 싶다면 극복해야 할 장벽이 몇 가지 더 있다. 하나는 **간학문적 연구**와 **학제 초월성**이 충분하지 않다는 점이다. 우리는 여전히 학계 안팎 모두에서 한편으로 인문학과 사회과학 분야 사람들과 다른 한편으로 자연과학과 공학 분야 사람들 사이에 배경지식과 이해의 측면에서 상당한 간극이 있다는 사실을 직면한다. 지금까지 학계나 그보다 더 넓은 사회에서나 이 두 '세계'를 잇는 유의미하고 실질적인 다리를 놓기 위한 제도적 지원이 부족했다. 그러나 윤리적 AI 같은 윤리적인 첨단 기술을 진정으로 원한다면 저 사람들과, 저 두 세계를 조속히 더 가까워지게 해야 한다.

이를 위해서는 연구와 개발 방식에 변화가 필요하다. 예를 들어 기술과 비즈니스 분야 종사자뿐만 아니라 인문학 분야 종사자들도 그 일에 참여시켜야 한다. 하지만 젊은이들이건 그렇게 젊지 않은 이들이건 사람들을 **교육**하는 방식에도 변화가 필요하다. 한편으로는 인문학 배경을 가진 사람들이 AI 같은 신기술에 대해 생각하는 일의 중요성을 인식하고 그런 기술과 그 기술이 하는 일에 대한 지식을 습득할 수 있도록 해야 할 필요가 있다. 반면에 과학자와 공학자는 기술 개발과 사용의 윤리적, 사회적 측면에 더욱 민감해져야 할 필요가 있다. 그들이 AI 사용법을 배우고 나중에 AI 신기술 개발에 이바지할 때, 윤리가 기술적 실무와 거의 관련이 없는 주변적인 주제가 아니라 **그것의 본질적 부분**을 구성하는 것으로 여겨져야 한다. 이상적으로 말하자면 그럴 때 'AI를 한다'라거나 '데이터 과학을 한다'라는 말의 의미에는 당연히 윤리가 포함될 것이다. 보다 일반적으로는 더 다양하고 총체적인 유형의 **교양**Bildung 또는 서사라는 발상을 고려할 수 있을 것이다. 이는 방법과 접근 방식, 그것의 주제, 그것의 매체와 기술의 측면에서 더 근본적으로 간학문적이고 다원적인 것이다. 간단히 말해서 공학자가 텍스트로, 인문학자가 컴퓨터로 일하는 법을 배운다면 실제로 작동하는 기술 윤리와 정책에 대한 희망이 더 커질 것이다.

AI 겨울의 위험과 무분별한 AI 사용의 위험성

이러한 정책과 교육의 방향이 제대로 첫발을 떼지 못하고, 더 일반적으로 말해서 윤리적 AI 프로젝트가 실패한다면 우리가 직면하게 되는 것은 'AI 겨울'의 위험만이 아니다. 궁극적이고 틀림없이 더 중요한 위험은 윤리적, 사회적, 경제적 재앙과 그와 관련한 인간적, 비인간적, 환경적 비용이다. 이는 먼 미래에 관한 특이점이나 터미네이터 혹은 기타 종말론적 시나리오와는 관련이 없으며, 기술적 위험의 축적과 그에 따른 인간적, 사회적, 경제적, 환경적 취약성의 증가가 느리지만 확실하게 증가한다는 사실과 관련 있다. 이러한 위험과 취약성의 증가는 지금 그리고 이전 장에서 언급한 윤리적 문제와 관련 있으며, 거기에는 AI 같은 첨단 자동화 기술의 무지하고 무분별한 사용이 포함된다.

교육 격차는 일반적으로 AI 위험이 일으키는 결과를 더욱 악화시키고 있다. 설령 AI가 새로운 위험을 늘 직접 유발하지는 않더라도 그것이 **기존 위험을 특별히 증식**시키는 일이 벌어지기도 한다. 지금까지 AI를 사용할 수 있는 '운전면허증' 같은 것은 없으며, 기술 연구자, 기업인, 정부 관료, 기타 AI 혁신과 사용과 정책에 관여하는 사람들을 대상으로 한 의무적인 AI 윤리 교육도 없다. 위험과 윤리적 문제를 모르거나 기술에 대해 잘못된 기대를 품을 수 있는 사람들의 손에 아직 길들지 않은 많은 AI가 놓여 있다. 다시 한번 말하지만 위험은 지식 없이, (따라서) 책임 없이 권력을 행사하는 것이며, 더 나쁜 것은 다른 사람들이 그런 권력 행사의 대상이 되는 것이다.

만약 세상에 악이라 불릴 만한 것이 존재한다면 그 악은 20세기 철학자 한나 아렌트가 지정한 곳에서 살 것이다. 즉 아무 생각 없이 이루어지는 평범한 일상의 업무와 결정 안에서다. AI가 중립적이라고 가정하고 자기가 무엇을 하고 있는지 이해하지 못한 채 그것을 사용하는 것은 이러한 아무 생각 없음을 조장하고 궁극적으로 세상의 윤리적 타락에 이바지한다. 교육 정책은 이를 완화함으로써 선하고 유의미한 AI에 이바지하도록 도울 수 있다.

하지만 AI 윤리와 정책에 대한 논의에서 종종 무시되지만, 더 많은 분석까지는 아니더라도 최소한 언급할 만한 가치가 있는 몇 가지 성가신, 어쩌면 다소 고통스러운 질문이 남아 있다. AI 윤리는 온전히 인간을 위한 선과 인간의 가치에 관한 것일까, 아니면 우리는 비인간적인 가치, 선, 이익도 고려해야 할까? 그리고 설령 AI 윤리가 주로 인간에 관한 것이라 하더라도 AI 윤리에 관한 질문이 인류가 다루어야 할 가장 중요한 문제는 아닐 수도 있지 않을까? 이 질문은 마지막 장으로 이어진다.

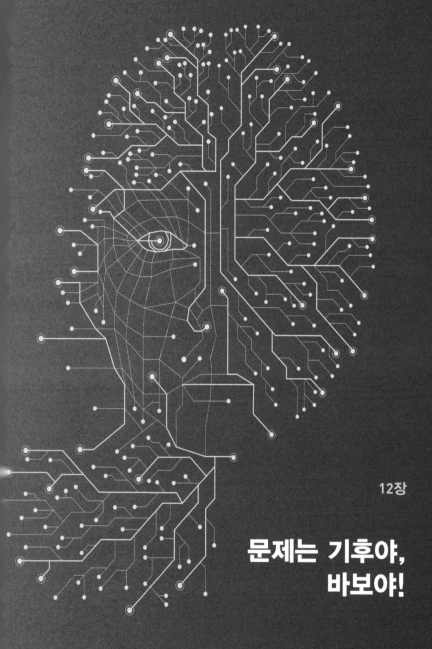

12장

**문제는 기후야,
바보야!**

AI 윤리는 인간 중심적이어야 할까?

AI 윤리와 정책에 관한 많은 글에서 환경이나 지속 가능한 개발을 언급하는데, 이것들은 인간의 가치를 강조하며 대개 명시적으로 인간 중심적이다. 예를 들어 HLEG의 윤리 지침은 AI를 다룰 때 "인간이 시민적, 정치적, 경제적, 사회적 분야에서 고유하고 양도할 수 없는 도덕적 지위를 누리는"(유럽위원회 AI HLEG, 2019, 10) 인간 중심적 접근이 필요하다고 말한다. 스탠퍼드나 MIT 같은 대학은 인간 중심적 AI라는 관점에서 자기네 연구 정책의 기본 틀을 잡았다.[1]

이러한 인간 중심성은 보통은 기술과 관련하여 정의된다. 기본 생각은 인간의 선과 존엄성이 기술이 요구하거나 수행하는 모든 것보다 우선한다는 것이다. 요점은 기술은 인간에게 유익해야 하며, 인간을 위해 봉사해야 한다는 것이다. 거꾸로가 아니다. 그러나 우리가 첫 장에서 살펴보았듯이 AI 윤리에서 인간에게 이렇게 초점

환경과 다른 생명체에 대한
철학적 논의에 비추어 볼 때,
인간 중심의 접근 방식은
설령 문제가 있다고까지는
아니더라도
적어도 자명하지는 않다.

을 맞추는 것은 처음 보기만큼 아주 명백하게 적절하지는 않을 수 있다. 특히 우리가 포스트휴머니즘적 접근법을 고려하거나 경쟁 서사(인간 대 기술의)에 비판적으로 의문을 제기하는 경우라면 더욱 그렇다. 기술철학은 인간과 기술의 관계를 정의하는 더 미묘하고 정교한 다양한 방식이 있다는 것을 보여 준다. 게다가 환경과 다른 생명체에 대한 철학적 논의에 비추어 볼 때, 인간 중심의 접근 방식은 설령 문제가 있다고까지는 아니더라도 적어도 자명하지는 않다. 환경철학과 윤리에서는 비인간, 특히 생명체의 가치, 그 가치와 이들 생명체를 존중하는 방법, 그리고 인간의 가치를 존중할 때 발생할 수 있는 잠재적 긴장에 대해 오랫동안 논의해 왔다. AI 윤리에서 이는 적어도 AI가 다른 생명체에게 미치는 영향에 관한 질문을 던지고, 인간과 비인간의 가치와 이익 사이에 긴장이 있을 수 있다는 문제를 고려해야 함을 함축한다.

우선순위 올바르게 정하기

또한 누군가는 AI로 인한 문제보다 더 심각한 다른 문제가 있으며, 우선순위를 올바르게 정하는 것이 중요하다고 주장할 수 있다. 이러한 반론은 기후 변화와 같은 전 지구적 문제에 대한 고려로부터 제기될 수 있다. 일부에 따르면 그 시급성과 지구 전체에 미칠 잠재적 영향을 고려할 때, 기후 변화는 인류가 최우선으로 다루어야 할 **문제**다.

　유엔의 2015년 지속 가능한 발전 의제(이른바 지속 가능 발전 목표)[2]와 반기문 유엔 사무총장이 "사람과 지구"라고 불렀던 것에 관한 개요를 살펴보면 우리는 윤리적, 정치적 관심을 요구하는 많은 글로벌 쟁점을 확인할 수 있다. 국가 내에서와 국가 사이에 심화되는 불평등, 전쟁과 폭력적 극단주의, 빈곤과 영양실조, 담수 접근성 부족, 효과적이고 민주적인 제도의 부족, 인구 고령화, 감염병과 전염병, 원자력 관련 위험, 어린이와 청소년의 기회 부족, 성 불평등, 다양한 형태의 차별과 배제, 인도주의적 위기와 모든 종류의 인권 침해, 이주와 난민 관련 문제, 기후 변화 및 (때로는 기후 변화와 관련한) 더 빈번하고 격렬해진 자연재해와 가뭄이나 생물 다양성의 상실 같은 환경 악화의 형태로 다가오는 환경 문제 등등 이러한 엄청난 문제에 비추어 볼 때, AI가 우리의 최우선 순위가 되어야 하는가? AI는 더 중요한 쟁점에 대한 우리의 주의를 분산시키고 있는 것일까?

　한편으로는 수많은 사람이 고통을 받고 있고 전 세계가 다른 많은 문제로 골머리를 앓고 있는 상황에서 AI나 여타 기술과 관련한 문제에 초점을 맞추는 것은 적절하지 않아 보인다. 세계의 어떤 곳에서는 사람들이 깨끗한 물을 얻기 위해 또는 폭력적인 환경에서 살아남기 위해 고군분투하는 동안, 다른 곳 사람들은 인터넷에서 자신의 프라이버시를 걱정하며 AI가 초지능을 달성하는 미래를 공상하고 있다. 윤리적으로 말하자면 전 세계적인 불평등 및 불공정과 관련한 뭔가 수상한 일이 벌어지고 있는 것 같다. 윤리와 정책은 반드시 AI에 관한 것이 아닌 이러한 문제에 눈을 감아서는 안 된다. 예를 들어 때때로 개발도상국에서는 첨단 기술보다는 로우 테크놀로지(낮은 수준의 기술)가 사람들이 문제를 해결하는 데 도움이 될 수 있다. 이는 그들이 그런 기술을 구입, 설치, 유지 보수할 수 있기 때문이다.

다른 한편으로 AI는 새로운 문제를 일으킬 수도 있고 사회와 환경의 **기존 문제를 악화**시킬 수도 있다. 예를 들어 일각에서는 AI가 빈부 격차를 확대하고, 다른 디지털 기술과 마찬가지로 에너지 소비를 늘리고 더 많은 폐기물을 발생시킬 것이라고 우려한다. 이러한 관점에서 볼 때 AI 윤리를 논의하고 다루는 것은 집중을 방해하는 것이 아니라, 우리가 환경 문제를 포함한 전 세계의 문제를 해결하는 데 이바지할 수 있는 방법 가운데 하나다. 따라서 우리는 **또한** AI에도 주의를 기울여야 한다는 결론을 내릴 수 있다. 빈곤, 전쟁 등도 심각한 문제다. 하지만 AI 또한 지금이나 미래에 심각한 문제를 일으키거나 악화시킬 수 있으므로 해결해야 할 문제의 목록에 있어야 한다. 그러나 이는 중요한 윤리적, 정책적 문제인 우선순위에 관한 질문에 대한 답은 아니다. 요점은 그 질문에 대한 쉬운 답이 있다는 것이 아니라, AI에 관한 대부분의 학술 저작과 정책 문서에서 이를 **질문하지** 않는다는 것이다.

우선순위에 관한 질문을 던지는 가장 도전적인 방법의 하나는 기후 변화나 인류세와 같은 관련 주제를 논의에 끌어들이는 것이다. '시급한 문제는 기후 변화이고 지구의 미래가 위태로운데, 왜 AI에 대해 걱정하나?' 혹은 미국 정치 문화의 한 구절을 인용할 수도 있다. '문제는 기후야, 바보야!' 먼저 이 도전 과제를 분석한 다음에 그것이 AI 윤리에 관한 사유에 어떤 함의가 있는지 논의해 보자.

일부 극단주의자들은 과학적 발견을 부정하지만, 과학자와 정책 입안자들은 기후 변화가 심각한 전 지구적 문제일 뿐만 아니라 유엔의 지속 가능한 발전 목표에 명시된 것처럼 '우리 시대의 가장 큰 도전 중 하나'라고 널리 인식하고 있다. 이는 미래의 문제인 것만이 아니다. 이미 지구의 온도와 해수면이 상승하고 있으며, 이는 저지대 해안 지역과 국가에 영향을 미치고 있다. 곧 더 많은 사람이 기후 변화의 결과를 감당해야 할 것이다. 많은 사람들이 이로부터 기후 변화의 위험을 완화하기 위해 **지금 당장** 긴급히 행동해야 한다는 결론을 내린다. 그 과정이 이미 티핑 포인트를 넘어선 것일 수 있기 때문에 "완화"라고 한 것이다. 여기에는 지금이 무언가를 해야 할 적기일 뿐만 아니라, 어쩌면 모든 결과를 피하기에는 이미 너무 늦었을 수도 있다는 생각이 담겨 있다.

초지능에 대한 트랜스휴머니스트들의 두려움과 비교할 때, 이러한 우려는 과학적 증거에 의해 훨씬 더 잘 뒷받침되며, 포스트모

시급한 문제는 기후 변화이고
지구의 미래가 위태로운데,
왜 AI에 대해 걱정하나?

던 회의론과 관료화된 정체성 정치에 지루함을 느낀 서구의 고학력 엘리트들 사이에서 상당한 지지를 얻고 있다. 이들은 이제 매우 진실하고 현실적이며 보편적인 것처럼 보이는 문제에 집중해야 할 이유를 발견한다. 기후 변화는 **실제로** 일어나고 있으며, 지구상의 모든 사람과 모든 것에 관련이 있다. 그레타 툰베리Greta Thunberg의 캠페인이나 기후 파업의 사례처럼 최근 행동주의의 물결은 기후 위기에 주의를 기울일 것을 촉구한다.

때때로 인류세라는 개념이 문제의 기본 틀을 잡는 데 사용된다. 기후 연구자인 폴 크루첸Paul Crutzen과 생물학자 유진 스토어머Eugene Stoermer가 만든 이 개념은, 인류가 지구와 생태계에 대한 영향력을 극적으로 증가시켜 인간을 지질학적 힘으로 바꾼 지질학적 시대를 우리가 살고 있다는 것이다. 인간과 가축 개체 수의 기하급수적인 증가, 점증하는 도시화, 화석 연료의 고갈, 담수의 대량 사용, 생물 종의 멸종, 독성 물질의 방출 등을 생각해 보라. 어떤 사람들은 인류세가 농업혁명과 함께 시작되었다고 생각한다. 다른 이들은 산업혁명(Crutzen, 2006) 또는 제2차 세계대전 이후에 시작되었다고 생각한다. 어느 경우이든 새로운 이야기와 역사, 어쩌면 새로운 거대한 서사가 만들어졌다. 오늘날 이 개념은 지구온난화와 기후 변화에 대한 우려를 제기하고, 지구의 미래를 생각하기 위해 인문학을 포함한 다양한 학문을 한데 모으는 데 자주 사용된다.

지질학자들 사이에서도 논쟁이 있으며, 모든 사람이 이 용어를 채택하는 것은 아니다. 일부는 이 개념의 인간 중심주의에 의문을 제기했다. 예를 들어 해러웨이(2015)는 포스트휴머니즘의 관점에서 다른 종과 '비생물적abiotic' 행위자들도 변화하는 환경에서 역할을 한다고 주장했다. 그러나 인류세와 같은 논란 많은 개념이 없더라도 기후 변화와 (기타) 환경 문제는 여기에 남아 있을 것이며, 정책은 최대한 조속하게 이러한 문제를 다루어야 한다. 이것이 AI 정책에 의미하는 바는 무엇인가?

많은 연구자가 AI와 빅데이터가 기후 변화를 포함한 세계의 많은 문제를 해결하는 데 도움이 될 수 있다고 생각한다. 일반적인 디지털 정보통신 기술과 마찬가지로 AI도 지속 가능한 발전과 여러 환경 문제의 해결에 이바지할 수 있다. 지속 가능한 AI는 연구나 개발의 성공적인 방향이 될 가능성이 크다. 그런데 AI는 환경에, 그러므로 우리 모두에게 상황을 더 나쁘게 만들 수도 있다. 에너지 소비와 폐기물 증가를 다시 한번 생각해 보자. 인류세 문제의 관점에서 볼 때, 인간이 AI를 이용해 지구에 대한 장악력을 강화함으로써 문제를 해결하는 대신 오히려 악화시킬 위험이 있다.

이는 AI를 하나의 해결책이 아니라 **주요** 해결책으로 여길 경우 특히 문제가 된다. 무엇이 우리에게 좋은지 인간보다 더 잘 아는 초지능 AI의 시나리오를 생각해 보라. 사람들을 자신의 이익과 지구의 이익을 위해 행동하도록 만듦으로써 인류에 봉사하는 '자애로운' AI, 즉 플라톤의 철학자 왕과 기술적으로 동등한 존재인 기계 신을 생각해 보라. **호모 데우스**(하라리, 2015)는 **AI 데우스**로 대체되며, 이는 우리를 위해 생명 유지 시스템을 관리하고 또 우리를 관리한다.

가령 자원 분배 문제를 해결하기 위해 이 AI는 자원에 대한 인간의 접근 권한을 관리하는 '서버' 역할을 할 수 있다. 그것의 의사 결정은 데이터의 패턴 분석을 기반으로 할 것이다. 이 기계 신 시나리오는 지구 공학 같은 프로메테우스식 기술적 해법과 결합할 수 있다. 관리가 필요한 것은 인간만이 아니다. 지구도 재설계되어야 한다. 따라서 기술은 우리의 문제와 지구의 문제를 '수리하는 데' 사용될 것이다.

그러나 이러한 시나리오는 권위주의적이고 인간의 자율성을 침해할 뿐 아니라 인류세 문제 그 자체에도 주요하게 일조할 것이다. 이번에는 인간이 기계에 위임한 형태로, 인간의 과도한 행위주체성이 지구 전체를 인간을 위한 자원과 기계로 만들 것이다. 인류세의 문제가 테크노크라시(기술관료주의)적인 극단의 방식으로 '해결'되고, 이어서 인간이 처음에는 돌봐야 할 어린아이로 취급받다가 나중에는 더는 쓸모없는 존재로 전락하는 기계의 세계가 등장한다. 이러한 종류의 빅데이터 인류세와 인간이 기계로 대체되는 너무나도 익숙한 드라마를 통해 우리는 다시 꿈과 악몽의 시나리오로 되돌아간다.

새로운 우주 열풍과 플라톤적 유혹

기후 변화와 인류세에 대한 또 다른 대답은 기술 애호가들의 비전이기도 하며 때때로 트랜스휴머니즘적 서사와 연결된 다음과 같은 생각이다. 즉 우리가 지구를 망칠지도 모를 일이지만 어쨌든 지구에서 탈출해 우주로 갈 수 있다는 것이다.

　2018년의 상징적인 이미지는 일론 머스크의 테슬라 스포츠카가 우주를 떠다니는 모습이었다.[3] 머스크는 화성을 식민지화하는 계획도 가지고 있다. 그가 유일한 몽상가는 아니다. 우주로 가는 것에 관한 관심이 높아지고 있다. 그리고 그것은 단순한 꿈 그 이상이다. 우주 프로젝트에 많은 돈이 투자되고 있다. 20세기의 우주 경쟁과는 달리 이제는 민간 기업이 이를 주도하고 있다. 그리고 기술 백만장자뿐 아니라 예술가들도 우주에 매우 관심이 크다. 머스크의 회사 스페이스X는 예술가들을 달 궤도에 보낼 계획이다.[4] 우주 관광은 점점 인기를 얻고 있는 또 다른 발상이다. 누가 우주에 기고 싶지 않을까? 우주는 뜨겁다.

　우주에 가는 것 자체가 잘못된 것은 아니다. 잠재적인 이점이 있다. 예를 들어 극한 환경에서 생존하는 방법에 관한 연구는 지구의 문제를 해결하고 지속 가능한 기술을 실험하며 행성 차원의 관점을 취하는 데 도움이 될 수 있다. 또한 인류세의 문제가 공식화될 수 있었던 것은 수십 년 전 우주 기술이 우리에게 멀리서 지구를 볼 수 있도록 해 주었기 때문이라는 점을 생각해 보라. 그리고 머스크의 자동차 이미지를 다시 생각해 보면 어떤 사람들은 전기 자동차가 환경 문제에 대한 해결책이라고 생각한다. 자동차가 최고의 교통수단이라는 가정에도 의문을 제기하지 않고, 전기가 어떻게 생산되는지도 고려하지 않은 채 말이다. 어쨌든 흥미로운 생각이 거기에 있다.

그러나 우주를 향한 꿈은 만약 그 결과가 지구상의 문제가 무시되는 것이고, 한나 아렌트(1958)가 인간 조건에 관해 썼을 때 이미 진단한 경향, 즉 지나친 추상화와 소외의 징후라면 문제가 **있다**. 그녀는 과학이 지구를 떠나고 싶은 욕구를 뒷받침한다고 제안했다. 말 그대로 우주 기술(당시에는 스푸트니크)을 통해서뿐만 아니라, 내가 우리의 지저분한 지상의 신체화된 정치적 삶이라고 부르는 것에서 추상하고 소외시키는 수학적 방법을 통해서 그렇다. 이러한 관점에서 초지능과 지구를 떠나는 것에 대한 트랜스휴머니즘의 공상은 문제가 되는 종류의 소외와 현실도피를 주창하는 것들로 해석될 수 있다. 이는 확대된 플라톤주의와 트랜스휴머니즘이다. 이는 인체의 한계뿐만 아니라 또 다른 '생명 유지 시스템'인 지구 자체의 한계도 극복하자는 생각이다. 신체뿐 아니라 지구도 우리가 탈출해야 하는 감옥으로 여겨진다.

그렇다면 AI의 한 가지 위험은 이런 종류의 사고를 가능하게 하고 소외 기계가 될 수 있다는 것이다. AI는 지구를 떠나는 도구, 우리의 취약한 신체적, 지리적, 의존적 존재 조건을 부정하는 도구가 되는 것이다. 달리 말해서 로켓이 되는 것이다. 다시 말하지만 로켓 자체에는 문제가 없다. 문제는 특정한 기술과 특정한 서사의 혼합이다. AI는 잠재적으로 개인의 삶과 사회, 인류에게 긍정적인 힘이 될 수 있지만 과학과 기술의 추상화나 소외 경향의 증폭과 트랜스휴머니즘, '트랜스지구주의'의 공상이 결합하면 인간이나 지구상의 다른 생명체에게 좋지 않은 기술적 미래로 이끌 수 있다. 우리가 기후 변화와 같은 문제에 대해 해결이 아닌 탈출을 택한다면 당장은 화성은 획득할 수 있으나 지구는 잃는다.

그리고 항상 그렇듯이 여기에는 추가적인 정치적 측면이 있다. 어떤 사람들은 다른 사람들보다 탈출할 기회, 돈, 권력을 더 많이 가지고 있다. 문제는 우주 기술과 AI가 지구에 실제적인 비용을 초래하고, 우주 프로젝트에 투자된 모든 돈이 전쟁이나 빈곤과 같은 실제의 지구 문제에 사용되지 않는다는 점에만 있지 않다. 부자들은 그들이 파괴한 지구를 탈출할 수 있는 반면에, 나머지 사람들은 점점 더 살기 힘든 지구에 머물러야 한다는 우려도 있다(예를 들면 Zimmerman, 2015 참조). 로켓이나 다른 기술과 마찬가지로 AI는 한 논평가의 말처럼 "부유층의 생존"을 위한 도구가 될 수 있다(Rushkoff, 2018). 오늘날 이러한 일부 현상이 이미 다른 기술과 함께 일어나고 있다. 델리나 베이징과 같은 도시에서 대다수 사람들은 대기오염으로 고통받는 반면에, 부유층은 외지로 나가 오염이 덜한 지역에 거주하거나 공기 정화 기술을 이용해 좋은 공기를 구입하고 있다. 모든 사람이 같은 공기를 마시는 것이 아니다. AI가 부자와 가난한 자 사이의 그러한 격차를 더욱 심화하여 누군가는 더 스트레스를 받으며 건강에 해로운 삶을 살게 되고, 누군가는 더 나은 삶을 살게 될까? AI는 우리를 환경 문제로부터 소외시킬 것인가? 가능하면 우리 모두를 위해서, 그리고 인간의 생명이 지구에 의존한다는 점을 고려하여 AI가 지구의 삶을 더 좋게 만들어야 한다는 점은 윤리적 요구인 것처럼 보인다. 일부 우주 서사는 이러한 목표를 달성하는 데 도움이 되기보다 오히려 방해가 될 수 있다.

지구로의 귀환

우선순위라는 매우 현실적인 문제와 기후 변화와 관련한 아주 실제적인 현재의 위험으로 돌아가 보자. 이러한 도전에 비추어 AI 윤리와 정책은 무엇을 해야 하는가? 그리고 비인간 생명의 가치와 충돌할 때, 이는 어떻게 해결할 수 있을까? 대부분 사람들은 AI에게 통제권을 넘겨주거나 지구를 탈출하는 것이 좋은 해결책이 아니라는 데 동의할 것이다. 그렇다면 무엇이 좋은 해결책인가? 해결책은 있을까? 이러한 질문에 대한 보다 생산적인 답은 우리 인간이 기술이나 환경과 어떻게 관계 맺을 것인가에 관한 철학적 질문으로 되돌아가게 한다. 이는 또한 AI와 데이터 과학이 우리를 위해 무엇을 할 수 있으며, 우리는 AI로부터 무엇을 합리적으로 기대할 수 있는지를 논한 기술에 관한 장으로 되돌아가게 한다.

AI가 환경 문제를 해결하는 데 도움이 될 수 있다는 것은 분명하다. 기후 변화를 생각해 보라. AI는 이런 복잡한 문제를 해결하는 데 특히 적합해 보인다. 가령 AI는 데이터가 너무 풍부하고 복잡해서 우리가 볼 수 없는 환경 데이터의 패턴을 감지하여 문제를 연구하는 데 도움을 줄 수 있다. 또한 플로리디 등(2018)이 주장한 바와 같이 가령 조정의 복잡성을 처리하고 유해 배출량 감축과 같은 조치를 실행하는 데 도움을 주는 등 해결책을 찾는 데도 도움을 줄 수 있다. 보다 일반적으로 AI는 환경 시스템을 감시하고 모형화하며, 세계경제포럼 블로그에서 제안한 것처럼(Herweijer, 2018) 스마트 에너지 그리드와 스마트 농업과 같은 해법을 가능하게 함으로써 도움을 줄 수 있다. 정부뿐 아니라 기업도 이 분야에서 주도권을 잡을 수 있다. 가령 구글은 이미 AI를 사용하여 데이터 센터 에너지 사용을 줄였다.

그러나 이것이 반드시 '지구를 구하는' 것은 아니다. AI는 또한 문제를 일으키고 잠재적으로 상황을 악화시킬 수도 있다. AI가 의존하는 에너지, 인프라, 물질을 고려하여 AI가 환경에 미칠 수 있는 부정적인 영향을 다시 한번 생각해 보라. 사용뿐만 아니라 생산도 고려해야 한다. 전기는 지속 불가능한 방식으로 생산될 수 있고, AI 기기의 생산에는 에너지와 원자재가 사용되며 폐기물을 발생시킨다. 또는 플로리디 등이 제안한 '셀프 넛지'를 고려해 보라. 이들은 AI가 우리가 스스로 내린 선택을 고수하도록 도와줌으로써 환경적으로 좋은 방식으로 행동하도록 도울 수 있다고 제안한다. 그러나 여기에는 그것 나름의 윤리적 위험이 있다. 저자들이 주장하는 것처럼 그것이 인간의 자율성과 존엄성을 존중하는 것인지 불분명하며, 인간을 돌보지만 인간의 자유를 파괴하고 인류세 문제에 일조하는 자애로운 AI의 방향으로 갈 수도 있다. 적어도 새로운 형태의 가부장주의와 권위주의가 나타날 위험이 있다. 게다가 기후 변화에 대응하기 위해 AI를 사용하는 것은, 세계를 단순한 데이터 저장소로 바꾸는 세계관과 인간 지능을 데이터 처리, 아마도 기계에 의해 향상되어야 하는 다소 열등한 종류의 데이터 처리로 환원하려는 인간관과 밀접하게 연관되어 있을 수 있다. 그러한 견해가 기후 변화나 인류세라는 용어가 가리키는 문제와 같은 도전을 완화하는 방식으로 환경에 대한 우리의 관계를 재구성할 것 같지는 않다.

또한 우리는 다음과 같은 의미에서 기술 해결주의techno-solutionism의 위험에도 직면해 있다. 환경 문제를 해결하기 위해 AI를 사용하자는 제안은 모든 문제에 대한 최종 해결책이 있을 수 있고, 기술만이 가장 어려운 질문에 답을 줄 수 있으며, 우리가 인간 지능과 인공지능을 사용하여 문제를 완전히 해결할 수 있다는 것을 가정하고 있을 수 있다. 그러나 환경 문제는 기술적, 과학적 지성으로 완전히 해결할 수 없다. 이것은 기술만으로는 해결할 수 없는 정치적, 사회적 문제와도 연결되어 있다. 환경 문제는 언제나 인간의 문제이기도 하다. 수학과 그 기술적 산물은 매우 유용한 도구이지만 인간의 문제를 이해하고 처리하는 데는 제한적이다. 가령 가치들이 충돌할 수 있다. AI가 우선순위에 관한 질문에 답하는 데 반드시 도움이 되지는 않는다. 이는 인간이 답하도록 남겨 두어야 하는 중요한 윤리적, 정치적 질문이다. 그리고 인문학과 사회과학은 우리에게 '최종적인' 해결책에 대해 매우 신중해야 한다고 가르친다.

또한 인간만이 문제를 지닌 것은 아니다. 비인간도 어려움에 직면해 있으며, 이는 AI의 미래에 관한 논의에서 종종 무시된다. 마지막으로 지구를 탈출해야 한다는 견해나 모든 것은 우리가 기계의 도움을 빌려서 조작할 수 있는 데이터라는 세계관은, 부자와 빈자의 격차를 확대하고 대규모 형태의 착취와 인간 존엄성에 대한 침해로 이어질 뿐 아니라, 지구상의 생명의 조건을 파괴하는 위험을 감수함으로써 미래 세대의 삶을 위협할 수 있다. 우리는 지속 가능한 사회와 환경을 구축하는 방법에 대해 더 깊이 성찰해야 한다. 우리에게는 인간의 사고가 필요하다.

지성과 지혜를 찾아서

하지만 인간이 생각하는 방식에는 다양한 측면이 있다. AI는 인간의 사고와 지능의 한 종류와 관련이 있다. 이는 보다 추상적이고 인지적인 종류의 사고다. 이런 종류의 사고는 매우 성공적인 것으로 입증되었지만 한계가 있으며, 그것이 우리가 할 수 있거나 해야 하는 유일한 종류의 사고는 아니다. 어떻게 살아야 하는지, 환경을 어떻게 다뤄야 하는지, 비인간 생명체와 어떻게 가장 잘 관계 맺을지에 관한 윤리적, 정치적 질문에 답하는 것은 추상적인 인간 지능(예를 들면 논증, 이론, 모형)이나 AI 패턴 인식 이상의 것을 요구한다. 우리에게는 똑똑한 사람과 지능적인 기계도 필요하지만, 또한 완전히 명시화될 수 없는 직관과 노하우도 필요하며, 구체적인 문제와 상황에 대응하고 우선순위를 결정하기 위해 실천적인 지혜나 덕성도 개발해야 한다. 그러한 지혜를 추상적인 인지 과정과 데이터 분석을 통해 얻을 수도 있지만, 그것은 또한 다른 사람, 물질성, 자연환경을 대하는 신체화된 관계적이며 상황적인 경험을 기반으로 한다. 우리 시대의 큰 문제를 해결하는 데 우리의 성공 여부는 추상적인 지능(인간 지능과 인공지능)과 구체적인 실천적 지혜의 결합에 달려 있을 것이다. 후자는 기술에 대한 우리의 경험을 포함하여, 구체적이고 상황적인 인간의 경험과 실천을 바탕으로 개발된다. AI의 향후 발전이 어떤 방향으로 나아가든 후자 종류의 지식과 학습을 개발하는 과제는 우리의 몫이다. 인간이 그것을 해야 한다. AI는 패턴을 인식하는 데 능숙하지만 지혜를 기계에 위임할 수는 없다.

이 책은 이 주제에 관한 나의 연구뿐 아니라, AI 윤리 전체 분야의 지식과 경험을 반영하고 있다. 지난 몇 년 동안 내가 토론하고 배운 사람들을 모두 나열하는 것은 불가능하지만 그 일부만 언급하자면, 내가 아는 빠르게 성장하는 관련 커뮤니티에는 조안나 브라이슨, 루크 스틸스 같은 AI 연구자들, 섀넌 발러, 루치아노 플로리디 같은 동료 기술철학자들, 드몽포르대학의 베른트 스탈처럼 네덜란드와 영국에서 '책임 있는 혁신'을 연구하는 학자들, 내가 빈에서 만난 로버트 트래플, 사라 스피커만, 볼프강 프라이스 같은 사람들, 그리고 정책 중심 자문 기구인 AI 고위급 전문가 그룹(유럽위원회)과 오스트리아 로봇 및 인공지능 위원회의 동료 위원인 라자 차틸라, 버지니아 디그넘, 제로엔 반 덴 호벤, 사빈 쾨제기, 마티아스 슈츠 등이 포함된다. 또한 교정과 서식을 도와준 자카리 스톰스와 문헌 검색을 지원해 준 레나 스타클, 이사벨 발터에게도 진심으로 감사의 말씀을 전하고 싶다.

1장

1 https://www.youtube.com/watch?v=D5VN56jQMWM 참조.

2 프라이(2018, 71-72)가 말한 폴 질리(Paul Zilly)의 사례를 참조하라.
   자세한 내용은 다음을 참조하라. Julia Angwin, Jeff Larson, Surya
   Mattu, Lauren Kirchner, "Machine Bias", ProPublica, 2016.5.23.
   https://www.propublica.org/article/machine -bias-risk-
   assessments-in-criminal-sentencing

3 예를 들어 2016년 벨기에의 한 지역 경찰 구역에서 예측 치안 소프트웨
   어를 사용하여 절도 및 차량 도난을 예측하기 시작했다(AlgorithmWatch
   2019, 44).

4 BuzzFeedVideo, "You Won't Believe What Obama Says in This
   Video!" https://www.youtube.com/watch?v=cQ54GDm1eL
   0&fbclid=IwAR1oD0Alop EZa00XHo3WNcey_qNnNqTsvHN_
   aZsNb0d2t9cmsDbm9oCfX8A.

2장

1   AI를 길들이거나 교화하는 것에 대해 이야기하는 사람도 있지만, 야생 동물에 비유하는 것은 문제가 있다. 왜냐하면 일부 사람들이 상상하는 '야생' AI와 대조적으로 동물은 타고난 능력에 제한이 있고 어느 시점까지만 훈련받고 발달할 수 있기 때문이다.

2   메리 셸리는 정치, 철학, 문학뿐 아니라 과학에 대해서 토론했던 부모님과 그녀의 배우자로서 특히 전기에 관심이 많았던 아마추어 과학자 퍼시 비셰 셸리(Percy Bysshe Shelley)로부터 영향을 받았을 것으로 추정된다.

3장

1   드레이퍼스는 에드먼드 후설, 마르틴 하이데거, 모리스 메를로퐁티로부터 영향을 받았다.

4장

1   이것의 실제 사례로 로봇 개 스팟(Spot)이 있다. 개발자가 테스트를 위해 그것을 발로 걷어찼는데, 놀라울 정도의 감정이입적인 반응을 받았다. https://www.youtube.com/watch?v=aR5Z6AoMh6U.

5장

1   https://www.humanbrainproject.eu/en/ 참조.

2   예를 들어 유럽 집행위원회의 AI 고위급 전문가 그룹(AI High Level

Expert Group)(2018)의 AI 정의를 참조하라.

6장

1   http://tylervigen.com/spurious-correlations 참조.
2   Facebook, Walmart, American Express, Hello Barbie, and BMW
    등과 같은 구체적 사례들은 마(Marr, 2018)에게서 가져왔다.

8장

1   하지만 AI가 내린 결정이 정말 결정으로 여겨지는지, 만약 그렇다면 우리
    가 AI에 위임하거나 위임해야 하는 결정의 종류에 차이가 있는지 의문을
    가질 수 있다. 이런 의미에서 AI의 책임 혹은 AI에 대한 책임의 문제는 결
    정이란 과연 무엇이냐는 바로 그 질문을 제기한다. 이 문제는 위임에 관한
    문제와도 연결된다. 우리는 기계에 결정을 위임한다. 하지만 이러한 위임
    이 책임의 측면에서는 무엇을 수반할 것인가?
2   실제로 이 경우 위임자가 특정 업무에 대해 어느 정도는 여전히 책임이 있
    다고 주장할 수 있고 그럴 때 책임이 어떻게 분배되는지 명확하지 않을 수
    있어서 문제가 더 복잡하다.
3   터너(Turner, 2019)가 지적한 바와 같이 동물이 처벌을 받는 사례도 있
    다는 점에서 이 말이 예나 지금이나 항상 맞는 것은 아니다.

9장

1   이 사유 실험에 대해서 빌 프라이스(Bill Price)에게 감사를 표한다.

10장

1 https://www.acrai.at/en/ 참조.

2 http://www.europarl.europa.eu/doceo/document/TA-8-
   2017-0051_EN.html?redirect#title1. 여기서 이 해결책의 내용을 찾
   아볼 수 있다.

3 https://www.scu.edu/ethics-in-technology-practice/
   conceptual-frameworks/ 참조.

4 https://www.partnershiponai.org/ 참조.

5 https://www.blog.google/technology/ai/ai-principles/ 참조.

6 https://www.microsoft.com/en-us/ai/our-approach-to-ai 참조.

7 https://www.accenture.com/t20160629T 012639Z__w__/us-
   en/_acnmedia/PDF-24/Accenture-Universal-Principles-Data-
   Ethics.pdf 참조.

8 https://www.businessinsider.de/apple-ceo-tim-cook-on-
   privacy-the-free-market-is-not-working-regulations-2018-
   11?r=US&IR=T 참조.

9 https://leginfo.legislature.ca.gov/faces/billTextClient.
   xhtml?bill_id=201720180SB1001 참조.

10 https://www.stopkillerrobots.org/ 참조.

11 https://futureoflife.org/ai-principles/ 참조.

12 미국의 바티아 프리드먼(Batya Friedman)과 헬렌 니센바움(Helen
    Nissenbaum), 네덜란드의 제로엔 반 덴 호벤(Jeroen van den Hoven)
    같은 사람들이 한동안 기술의 윤리적 설계를 옹호해 온 것을 생각해 보라.

13 https://www.tuev-sued.de/company/press/press-archive/
    tuv-sud-and-dfki-to-develop-tuv-for-artificial-intelligence
    참조.

11장

https://ec.europa.eu/digital-single-market/en/european-ai-alliance 참조.

12장

1	https://hai.stanford.edu/ 및 https://hcai.mit.edu 참조.
2	https://sustainabledevelopment.un.org/post2015/transformingourworld 참조.
3	https://www.theguardian.com/science/2018/feb/07/space-oddity -elon-musk-spacex-car-mars-falcon-heavy를 참조.
4	https://cosmosmagazine.com/space/why-we-need-to-send-artists -into-space를 참조.

　　현재 빈대학교 철학과에 재직 중인 마크 코켈버그의 *AI Ethics*
(2020)를 번역한 이 책은 MIT출판사의 필수 지식 시리즈 중 하나
로, 인공지능과 관련한 윤리적 문제와 그에 대한 대응 방향을 알기
쉽게 소개한 입문서다. 저자인 코켈버그는 비단 인공지능뿐만 아니
라 과학기술과 관련한 여러 철학 책을 저술했고, 기술철학 분야의
담론을 이끄는 중견 철학자다. 인공지능과 관련하여 저자는 이 책
외에도 후속으로 『AI 정치철학Political Philosophy of AI』, 『로봇 윤리Ethics
of Robot』를 출간했다. 『AI 정치철학』은 개인 차원의 윤리가 아니라
인공지능이 제기하는 사회적이고 정치적인 차원의 문제를 주로 다
룬다. 『로봇 윤리』는 기계 몸체를 기반으로 하는 인공지능 로봇의
문제로 그 주제를 한정한다. 주제 범위에서 보자면 이 책 『AI 윤리
에 대한 모든 것』이 가장 포괄적이다.

국내에는 AI 윤리와 관련한 책들이 이미 여럿 나와 있다. 그런데 이 책은 다루고 있는 주제의 범위뿐만 아니라 문제를 다루는 방식에서 기존 책들과 상당히 차별화되는 측면이 있다. 무엇보다도 AI와 관련한 여러 철학적, 윤리적 쟁점을 가장 포괄적이고 체계적으로 다루고 있다는 것이 이 책의 가장 큰 장점이다. 대학에서 AI 관련 윤리를 가르치면서 느낀 한 가지 아쉬움은, AI 윤리 중 일부 제한된 문제만을 다루거나 교양 차원에서 가볍게 읽을 만한 책은 많지만 관련 쟁점을 모두 다루면서도 그 서술이 정확하고 체계적인 책은 많지 않다는 점이다. 이 책은 AI와 관련한 거의 모든 문제를 망라하고 있을 뿐만 아니라, 그 서술 또한 매우 체계적이어서 좋은 대안이 될 수 있을 것으로 생각한다.

책의 내용을 간단히 살펴보자면 1장에서는 AI 윤리가 무엇인지 개괄적으로 설명하면서 책의 전체 내용을 간략히 소개한다. 2장과 3장에서는 AI의 발전이나 도전을 이해하는 데 도움이 될 다양한 서사를 소개하고, 인간과 AI, 인간과 기계 사이의 관계를 어떻게 이해할 것인지를 둘러싸고 벌어지는 근대성의 분열을 설명한다. 이는 인공지능 시대에 우리 인간이라는 존재를 어떻게 이해할 것인가 하는 철학적 인간학의 문제와 깊이 연관되어 있다.

4장에서 6장까지는 AI의 기술적, 존재론적 본성과 관련하여 행위주체성이나 피동자성 같은 개념을 통해 AI의 도덕적 지위 문제를 다루면서, AI의 역사와 함께 기호적 AI나 신경망 인공지능 같은 기술을 소개하고 기계학습이나 데이터 과학이 무엇인지 개괄적으로 설명한다.

7장에서 9장까지는 통상적인 AI 윤리에서 다루어지는 여러 윤리적 쟁점을 개괄한다. 프라이버시, 투명성, 설명 가능성, 편향, 공정성, 불평등, 일의 미래 등이 핵심어다. 10장과 11장은 유럽연합의 '인공지능 고위 전문가 그룹'에 참여한 자신의 경험을 바탕으로 AI 기술이 제기하는 실천적 이슈를 정책적으로 어떻게 접근할 것인지 검토한다. 마지막 12장에서는 요즘 급부상하고 있는 기후 변화나 에너지 문제를 AI 문제와 연결 지어 논의한다.

짧은 소개만으로도 이 책이 얼마나 광범위한 주제와 내용을 다루고 있는지 짐작할 수 있을 것이다. 이 책은 말 그대로 AI 윤리에서 다루는 거의 모든 문제와 쟁점을 여러 각도에서 입체적으로 소개한다. 주제와 내용의 광범위함에 비해서 책의 분량이 다소 짧다는 점은 한편으로는 어려운 철학적 논의를 간명하게 정리하는 저자의 깊은 이해와 뛰어난 설명 능력을 보여 주는 것이기도 하지만, 다른 한편으로 입문서라는 책의 목적에 너무 충실했던 것은 아닌지 아쉬움도 느끼게 한다. 아마 이 책에서 소개한 어떤 논의는 좀 더 자세하고 심도 있게 파고들어 주었으면 좋았겠다고 생각하는 독자들도 있을 것이다. 하지만 누구나 알다시피 책 한 권으로 끝낼 수 있는 철학적 주제란 없으며, 사실상 오늘날 실시간의 철학이라 할 수 있는 AI 윤리라면 더욱 그럴 것이다. 그럼에도 이 책이 제대로 된 길을 따라 그 주제로 진입하기 위한 최고의 길잡이가 되리라는 점만큼은 의심의 여지가 없다고 확실히 말할 수 있다.

　이 책을 길잡이로 삼아서 AI 윤리라는 낯선 세계에 발을 들여놓았지만 내친김에 개개의 주제나 쟁점에 대해 더 깊은 곳까지 들어가 샅샅이 살피고 싶은 독자라면 책의 뒷부분에서 소개한 추천 자료 목록을 참조하여 여정을 계속할 수 있을 것이다. 앞서 언급한 저자의 후속작인 『AI 정치철학』이나 『로봇 윤리』도 나름대로 보완적 역할을 할 수 있을 것이다. 두 책은 아직 우리말로 번역되지 않았지만, 곧 우리말로 읽을 수 있게 되기를 기대한다.

　AI를 그저 막연하게 두려워하거나, 밑도 끝도 없이 무작정 신뢰하거나, 혹은 우리에게 아무 선택권도 없다면서 단지 AI의 혜택과 해악을 감수할 뿐이라고 수동적으로 물러나 있지만 말고, 이 책을 통해서 우리가 AI에 대해서 그리고 AI와 함께 어떤 일을 할 수 있고 또 해야 하는지 고민할 수 있는 계기가 마련되었으면 한다.

2023년 8월

신상규, 석기용

○
○

긍정적 윤리

좋은 삶과 좋은 사회에 대한 비전을 바탕으로 한, 우리가 어떻게 (함께) 살아야
하는지에 관한 윤리. 한계를 설정하고 하지 말아야 할 것들을 언급하는 부정적
윤리와 대조된다.

기계학습

자동으로 학습할 수 있는 기계 또는 소프트웨어로, 사람이 학습하는 방식이 아
닌 계산과 통계 프로세스를 기반으로 학습이 이루어진다. 데이터를 기반으로
하는 학습 알고리듬은 데이터에서 패턴이나 규칙을 감지하고 향후 데이터를 예
측할 수 있다.

기술적 특이점

인류 역사에서 기계 지능의 폭발이 우리 문명에 극적인 변화를 불러와 우리가
더는 무슨 일이 일어나고 있는지 이해할 수 없게 될 지경이 되는 시점에 이르게
될 것이라는 발상.

기호적 AI

추상적 추론과 의사 결정 같은 고도의 인지적 작업에서 기호적 표상에 의존하는 AI. 의사 결정 트리를 사용할 수 있으며, 해당 분야 전문가의 정보 입력을 요구하는 전문가 시스템의 형태를 취할 수 있다.

데이터 과학

통계, 알고리즘, 기타 방법을 사용하여 빅데이터라고도 알려진 데이터 세트에서 의미 있고 유용한 패턴을 추출하는 학제 간 과학. 오늘날 이 분야에서는 기계학습이 흔히 사용된다. 데이터 과학은 데이터 분석 외에도 데이터의 포착, 준비, 해석과도 관련이 있다.

도덕적 책임

'도덕적임'이라는 말의 동의어로 사용될 수 있으며, 그래서 도덕적으로 좋은 결과를 낳음, 도덕적 원칙을 준수함, 덕스러움, 칭찬받을 만함 등을 의미하게 된다. 이 중 어떤 성질을 강조하느냐는 가정된 규범 이론에 따라 다르다. 우리는 또한 어떤 조건 아래서 책임을 질 수 있는지 물을 수도 있다. 도덕적 책임을 귀속하기 위한 조건은 도덕적 행위주체성과 지식이다. 관계적 접근 방식은 누구나 항상 다른 사람에게 책임이 있음을 강조한다.

도덕적 피동성

어떤 존재자가 어떻게 대우받아야 하느냐는 의미에서 그 존재자가 지니는 도덕적 지위.

도덕적 행위주체성

도덕적 행위, 추론, 판단, 의사 결정을 할 수 있는 능력으로서, 단순히 도덕적 결과를 초래하는 것과는 대비된다.

딥러닝

여러 층의 '뉴런'으로 구성된 신경망을 사용하는 기계학습의 한 형태. 여기서 말하는 신경망 층은 단순하게 상호 연결된 처리 장치들로서 서로 작용을 주고받는다.

설명 가능성

설명하거나 설명될 수 있는 능력. 윤리의 맥락에서 이 용어는 자신이 어떤 일을 한 이유나 어떤 의사 결정을 내린 이유를 다른 사람에게 설명할 수 있는 능력을 가리키며, 이는 책임이 있다는 말이 의미하는 바의 한 부분에 해당한다.

설명 가능한 AI

인간에게 자신의 행동, 결정, 추천 등을 설명할 수 있거나, 자신이 어떻게 해서 그런 결과에 도달하게 되는지 그 과정에 대한 충분한 정보를 제공할 수 있는 AI.

신뢰 가능한 AI

인간에게 신뢰받을 수 있는 AI. 이러한 신뢰의 조건은 인간의 존엄성, 인권 존중 등과 같은 (다른) 윤리적 원칙이나 혹은 사람들이 그 기술의 사용을 원하게 될지에 영향을 미치는 사회적, 기술적 요인을 가리킬 수 있다. 또는 둘 다일 수도 있다. 기술과 관련하여 '신뢰'라는 용어를 사용하는 것에는 논란의 여지가 있다.

윤리를 고려한 설계

기술 윤리에 대한 하나의 접근 방식이자 책임 있는 혁신의 핵심 구성 요소로서, 기술 설계와 개발 단계에 윤리를 통합하는 것을 목표로 한다. 때때로 '가치 내장형 설계'라고 정식화하기도 한다. 유사 용어로는 '가치에 민감한 설계'와 '윤리적으로 정렬된 설계'가 있다.

인공지능(AI)

기술적 수단에 의해 표시되거나 시뮬레이션된 지능. 흔히 이 정의에서 '지능'은 인간 지능의 기준에 따라 지능적인 것으로 여겨지는 것, 즉 인간이 드러내는 부류의 지능적 역량과 행동을 의미한다고 가정된다. 이 용어는 과학 또는 학습 알고리즘 같은 기술을 지칭할 수 있다.

인류세

2000년에 등장한 새로운 지질 시대 개념으로서, 인류가 지구와 생태계에 미치는 힘과 영향력을 극적으로 증가시킴으로써 인간이 지질학적 힘을 지닌 존재로 변모하게 된 시기를 가리킨다.

일반 AI

특정 문제나 작업에만 응용될 수 있는 좁은 의미의 AI와 달리 광범위하게 응용할 수 있는 인간-같은 지능. '약한' AI에 반대되는 '강한' AI라고도 불린다.

지속 가능한 AI

인류의 지속 가능한 삶의 방식을 가능하게 하고 그것에 이바지하며 인간(그리고 수많은 비인간도 함께)이 의존하고 있는 지구 생태계를 파괴하지 않는 AI.

책임 있는 혁신

혁신을 더 윤리적이고 사회적으로 책임감 있게 만들려는 접근 방식으로, 일반적으로 가치 내장형 설계 및 이해관계자들의 의견과 이익에 대한 고려를 수반한다.

초지능

기계가 인간의 지능을 능가할 것이라는 발상. 때로는 지능적인 기계가 훨씬 더 지능적인 기계를 설계함으로써 발생하는 '지능 폭발'이라는 발상과 연결되기도 한다.

트랜스휴머니즘

인간이 첨단 기술을 통해 스스로를 향상시키는 방식으로 인간의 조건을 변화시켜 인류가 다음 단계로 나아가야 한다는 신념. 국제적인 운동이기도 하다.

편향

특정 개인이나 집단을 반대하거나 선호하는 차별성. 윤리와 정치의 맥락에서는 특정 편향이 부당하거나 불공정한지의 의문이 제기된다.

포스트휴머니즘

휴머니즘과 특히 인간의 중심적 위치에 의문을 제기하고 윤리적 관심의 범위를 비인간으로 확장하는 일련의 믿음.

Accessnow. 2018. "Mapping Regulatory Proposals for Artificial Intelligencein Europe." https://www.accessnow.org/cms/assets/uploads/2018/11/mapping_regulatory_proposals_for_AI_in_EU.pdf.

ACRAI (Austria Council on Robotics and Artificial Intelligence). 2018. "Die Zukunft Österreichs mit Robotik und Kunstlicher Intelligenz positive gestalten: White paper des Österreichischen Rats für Robotik und Künstliche Intelligenz."

"Algorithm and Blues." 2016. *Nature* 537:449.

AlgorithmWatch. 2019. "Automating Society: Taking Stock of Automated Decision Making in the EU." A report by AlgorithmWatch in cooperation with Bertelsmann Stiftung. January 2019. Berlin: AW AlgorithmWatch GmbH. http://www.algorithmwatch.org/automating-society.

Alpaydin, Ethem. 2016. *Machine Learning*. Cambridge, MA: MIT Press.

Anderson, Michael and Susan Anderson. 2011. "General Introduction."

In *Machine Ethics*, edited by Michael Anderson and Susan Anderson, 1-4. Cambridge: Cambridge University Press.

Arendt, Hannah. 1958. *The Human Condition*. Chicago: Chicago University Press.

Arkoudas, Konstantine, and Selmer Bringsjord. 2014. "Philosophical Foundations." In *The Cambridge Handbook of Artificial Intelligence*, edited by Keith Frankish and William M. Ramsey. Cambridge: Cambridge University Press.

Armstrong, Stuart. 2014. *Smarter Than Us: The Rise of Machine Intelligence*. Berkeley: Machine Intelligence Research Institute.

Awad, Edmond, Sohan Dsouza, Richard Kim, Jonathan Schulz, Joseph Henrich, Azim Shariff, Jean-Francois Bonnefon, and Iyad Rahwan. 2018. "The Moral Machine Experiment." *Nature* 56-64.

Bacon, Francis. 1964. "The Refutation of Philosophies." In *The Philosophy of Francis Bacon*, edited by Benjamin Farrington, 10-132. Chicago: University of Chicago Press.

Boddington, Paula. 2016. "The Distinctiveness of AI Ethics, and Implications for Ethical Codes." Paper presented at the workshop Ethics for Artificial Intelligence, July 9, 2016, IJCAI-16, New York. https://www.cs.ox.ac.uk/efai/ 2016/11/02/the-distinctiveness-of-ai-ethics-and-implications-for-ethical-codes/.

Boddington, Paula. 2017. *Towards a Code of Ethics for Artificial Intelligence*. Cham: Springer.

Boden, Margaret A. 2016. *AI: Its Nature and Future*. Oxford: Oxford University Press.

Borowiec, Steven. 2016. "AlphaGo Seals 4-1;Victory Over Go Grandmaster Lee Sedol." *Guardian*, March 15. https://www.

theguardian.com/technology/2016/mar/15/googles-alphago-seals-4-1-victory-over-grandmaster-lee-sedol.

Bostrom, Nick. 2014. *Superintelligence*. Oxford: Oxford University Press.

Brynjolfsson, Erik, and Andrew McAfee. 2014. *The Second Machine Age*. New York: W. W. Norton.

Bryson, Joanna. 2010. "Robots Should Be Slaves." In *Close Engagements with Artificial Companions: Key Social, Psychological, Ethical and Design Issues*, edited by Yorick Wilks, 65-74. Amsterdam: John Benjamins.

Bryson, Joanna. 2018. "AI & Global Governance: No One Should Trust AI." United Nations University Centre for Policy Research. *AI & Global Governance*, November 13, 2018. https://cpr.unu.edu/ai-global-governance-no-one-should-trust-ai.html.

Bryson, Joanna, Mihailis E. Diamantis, and Thomas D. Grant. 2017. "Of, For, and By the People: The Legal Lacuna of Synthetic Persons." *Artificial Intelligence & Law* 25, no. 3: 273-291.

Caliskan, Aylin, Joanna J. Bryson, and Arvind Narayanan. 2017. "Semantics Derived Automatically from Language Corpora Contain Human-like Biases." *Science* 356:183-186.

Castelvecchi, Davide. 2016. "Can We Open the Black Box of AI?" *Nature* 538, no. 7623: 21-23.

CDT (Centre for Democracy & Technology) 2018. "Digital Decisions." https://cdt.org/issue/privacy-data/digital-decisions/.

Coeckelbergh, Mark. 2010. "Moral Appearances: Emotions, Robots, and Human Morality." *Ethics and Information Technology* 12, no. 3: 235-241.

Coeckelbergh, Mark. 2011. "You, Robot: On the Linguistic Construction of Artificial Others." *AI & Society* 26, no. 1: 61–69.

Coeckelbergh, Mark. 2012. *Growing Moral Relations: Critique of Moral Status Ascription.* New York: Palgrave Macmillan.

Coeckelbergh, Mark. 2013. *Human Being @ Risk: Enhancement, Technology, and the Evaluation of Vulnerability Transformations.* Cham: Springer.

Coeckelbergh, Mark. 2017. *New Romantic Cyborgs.* Cambridge, MA: MIT Press.

Crawford, Kate, and Ryan Calo. 2016. "There Is a Blind Spot in AI Research." *Nature* 538:311–313.

Crutzen, Paul J. 2006. "The 'Anthropocene.'" In *Earth System Science in the Anthropocene* edited by Eckart Ehlers and Thomas Krafft, 13–18. Cham: Springer.

Darling, Kate, Palash Nandy, and Cynthia Breazeal. 2015. "Empathic Concern and the Effect of Stories in Human–Robot Interaction." In *2015 24th IEEE International Symposium on Robot and Human Interactive Communication (RO-MAN)*, 770–775. New York: IEEE.

Dennett, Daniel C. 1997. "Consciousness in Human and Robot Minds." In *Cognition, Computation, and Consciousness*, edited by Masao Ito, Yasushi Miyashita, and Edmund T. Rolls, 17–29. New York: Oxford University Press.

Digital Europe. 2018. "Recommendations on AI Policy: Towards a Sustainable and Innovation-friendly Approach." Digitaleurope. org, November 7, 2018.

Dignum, Virginia, Matteo Baldoni, Cristina Baroglio, Maruiyio Caon, Raja Chatila, Louise Dennis, Gonzalo Genova, et al. 2018. "Ethics by Design: Necessity or Curse?" Association for the Advancement of Artificial Intelligence. http://www.aies-conference.com/2018/contents/papers/main/AIES_2018_paper_68.pdf.

Dowd, Maureen. 2017. "Elon Musk's Billion-Dollar Crusade to Stop the A.I. Apocalypse." *Vanity Fair*, March 26, 2017. https://www.vanityfair.com/news/2017/03/elon-musk-billion-dollar-crusade-to-stop-ai-space-x.

Dreyfus, Hubert L. 1972. *What Computers Can't Do*. New York: HarperCollins.

Druga, Stefania and Randi Williams. 2017. "Kids, AI Devices, and Intelligent Toys." MIT Media Lab, June 6, 2017. https://www.media.mit.edu/posts/kids-ai-devices/f.

European Commission. 2018. "Ethics and Data Protection." http://ec.europa.eu/research/participants/data/ref/h2020/grants_manual/hi/ethics/h2020_hi_ethics-data-protection_en.pdf.

European Commission Directorate-General of Employment, Social Affairs and Inclusion. 2018. "Employment and Social Developments in Europe 2018." Luxembourg: Publications Office of the European Union. http://ec.europa.eu/social/main.jsp?catId=738&langId=en&pubId=8110.

European Commission AI HLEG (High-Level Expert Group on Artificial Intelligence). 2018. "Draft Ethics Guidelines for Trustworthy AI: Working Document for Stakeholders." Working document, December 18, 2018. Brussels: European Commission. https://ec.europa.eu/digital-single-market/en/news/draft-ethics-guidelines-trustworthy-ai.

European Commission AI HLEG (High-Level Expert Group on Artificial Intelligence). 2019. "Ethics Guidelines for Trustworthy

AI." April 8, 2019. Brussels: European Commission. https://
ec.europa.eu/futurium/en/ai-alliance-consultation/
guidelines#Top.

EGE (European Group on Ethics in Science and New Technologies).
2018. "Statement on Artificial Intelligence, Robotics and
'Autonomous' Systems." Brussels: European Commission.

European Parliament and the Council of the European Union. 2016.
"General Data Protection Regulation (GDPR)." https://eur-lex.
europa.eu/legal-content/EN/TXT/?uri=celex%3A32016R0679.

Executive Office of the President, National Science and Technology
Council Committee on Technology. 2016. "Preparing for the
Future of Artificial Intelligence." Washington, DC: Office of
Science and Technology Policy(OSTP).

Floridi, Luciano, Josh Cowls, Monica Beltrametti, Raja Chatila, Patrice
Chazerand, Virginia Dignum, Christoph Luetge, Robert Madelin,
Ugo Pagallo, Francesca Rossi, Burkhard Schafer, Peggy Valcke,
and Effy Vayena. 2018. "AI4People—n Ethical Framework
for a Good AI Society: Opportunities, Risks, Principles, and
Recommendations." *Minds and Machines* 28, no. 4: 689-707.

Floridi, Luciano, and J. W. Sanders. 2004. "On the Morality of Artificial
Agents." *Minds and Machines* 14, no. 3: 349-379.

Ford, Martin. 2015. *Rise of the Robots: Technology and the Threat of a Jobless
Future.* New York: Basic Books.

Frankish, Keith, and William M. Ramsey. 2014. "Introduction." In
The Cambridge Handbook of Artificial Intelligence, edited by Keith
Frankish and William M. Ramsey, 1-14. Cambridge: Cambridge
University Press.

Frey, Carl Benedikt, and Michael A. Osborne. 2013. "The Future of

Employment: How Susceptible Are Jobs to Computerisation?" Working paper, Oxford Martin Programme on Technology and Employment, University of Oxford.

Fry, Hannah. 2018. *Hello World: Being Human in the Age of Algorithms*. New York: W. W. Norton.

Fuchs, Christian. 2014. *Digital Labour and Karl Marx*. New York: Routledge.

Goebel, Randy, Ajay Chander, Katharina Holzinger, Freddy Lecue, Zeynep Akata, Simone Stumpf, Peter Kieseberg, and Andreas Holzinger. 2018. "Explainable AI: The New 42?" Paper presented at the CD-MAKE 2018, Hamburg, Germany, August 2018.

Gunkel, David. 2012. *The Machine Question*. Cambridge, MA: MIT Press.

Gunkel, David. 2018. "The Other Question: Can and Should Robots Have Rights?" *Ethics and Information Technology* 20:87-99.

Harari, Yuval Noah. 2015. *Homo Deus: A Brief History of Tomorrow*. London: Hervill Secker.

Haraway, Donna. 1991. "A Cyborg Manifesto: Science, Technology, and Socialist-Feminism in the Late Twentieth Century." In *Simians, Cyborgs and Women: The Reinvention of Nature*, 149-181. New York: Routledge.

Haraway, Donna. 2015. "Anthropocene, Capitalocene, Plantationocene, Chthulucene: Making Kin." *Environmental Humanities* 6:159-165.

Herweijer, Celine. 2018. "8 Ways AI Can Help Save the Planet." *World Economic Forum*, January 24, 2018. https://www.weforum.org/agenda/2018/01/8-ways-ai-can-help-save-the-planet/.

House of Commons. 2018. "Algorithms in Decision-Making." Fourth Report of Session 2017-19, HC351. May 23, 2018.

ICDPPC (International Conference of Data Protection and Privacy Commissioners). 2018. "Declaration on Ethics and Data Protection in Artificial Intelligence." https://icdppc.org/wp-content/uploads/2018/10/20180922_ICDPPC-40th_AI-Declaration_ADOPTED.pdf.

IEEE Global Initiative on Ethics of Autonomous and Intelligent Systems. 2017. "Ethically Aligned Design: A Vision for Prioritizing Human Well-Being with Autonomous and Intelligent Systems," Version 2. IEEE. http://standards.Ieee.org/develop/indconn/ec/autonomous_systems.html.

Ihde, Don. 1990. *Technology and the Lifeworld: From Garden to Earth*. Bloomington: Indiana University Press.

Jansen, Philip, Stearns Broadhead, Rowena Rodrigues, David Wright, Philp Brey, Alice Fox, and Ning Wang. 2018. "State-of-the-Art Review." Draft of the D4.1 deliverable submitted to the European Commission on April 13, 2018. A report for The SIENNA Project, an EU H2020 research and innovation program under grant agreement no. 741716.

Johnson, Deborah G. 2006. "Computer Systems: Moral Entities but not Moral Agents." *Ethics and Information Technology* 8, no. 4: 195–204.

Kant, Immanuel. 1997. *Lectures on Ethics*. Edited by Peter Heath and J. B. Schneewind. Translated by Peter Heath. Cambridge: Cambridge University Press.

Kelleher, John D., and Brendan Tierney. 2018. *Data Science*. Cambridge, MA: MIT Press.

Kharpal, Arjun. 2017. "Stephen Hawking Says A.I. Could Be 'Worst Event in the History of Our Civilization.'" CNBC. November 6,

2017. https://www.cnbc.com/2017/11/06/stephen-hawking-ai-could-be-worst-event-in-civilization.html.

Kubrick, Stanley, dir. 1968. *2001: A Space Odyssey*. Beverly Hills, CA: Metro-Goldwyn-Mayer.

Kurzweil, Ray. 2005. *The Singularity Is Near*. New York: Viking.

Leta Jones, Meg. 2018. "Silencing Bad Bots: Global, Legal and Political Questions for Mean Machine Communication." *Communication Law and Policy* 23, no. 2: 159-195.

Lin, Patrick, Keith Abney, and George Bekey. 2011. "Robot Ethics: Mapping the Issues for a Mechanized World." *Artificial Intelligence* 175:942-949.

MacIntyre, Lee C. 2018. *Post-Truth*. Cambridge, MA: MIT Press.

Marcuse, Herbert. 1991. *One-Dimensional Man*. Boston: Beacon Press.

Marr, Bernard. 2018. "27 Incredible Examples of AI and Machine Learning in Practice." *Forbes*, April 30. https://www.forbes.com/sites/bernardmarr/2018/04/30/27-incredible-examples-of-ai-and-machine-learning-in-practice/#6b37edf27502.

McAfee, Andrew, and Erik Brynjolfsson. 2017. *Machine, Platform, Crowd: Harnessing Our Digital Future*. New York: W. W. Norton.

Miller, Tim. 2018. "Explanation in Artificial Intelligence: Insights from the Social Sciences." *arXiv*, August 15. https://arxiv.org/pdf/1706.07269.pdf.

Mouffe, Chantal. 2013. *Agonistics: Thinking the World Politically*. London: Verso.

Nemitz, Paul Friedrich, 2018. "Constitutional Democracy and Technology in the Age of Artificial Intelligence." *Philosophical Transactions of the Royal Society* A 376, no. 2133. https://doi.org/10.1098/rsta.2018.0089.

Noble, David F. 1997. *The Religion of Technology*. New York: Penguin Books.

Reijers, Wessel, David Wright, Philip Brey, Karsten Weber, Rowena Rodrigues, Declan O' Sullivan, and Bert Gordijn. 2018. "Methods for Practising Ethics in Research and Innovation: A Literature Review, Critical Analysis and Recommendation." *Science and Engineering Ethics* 24, no. 5: 1437-1481.

Royal Society, the. 2018. "Portrayals and Perceptions of AI and Why They Matter." December 11, 2018. https://royalsociety.org/topics-policy/projects/ai-narratives/.

Rushkoff, Douglas. 2018. "Survival of the Richest." *Medium*, July 5. https://medium.com/s/futurehuman/survival-of-the-richest-9ef6cddd0cc1.

Samek, Wojciech, Thomas Wiegand, and Klaus-Robert Muller. 2017. "Explainable Artificial Intelligence: Understanding, Visualizing and Interpreting Deep Learning Models." https://arxiv.org/pdf/1708.08296.pdf.

Schwab, Katharine. 2018. "The Exploitation, Injustice, and Waste Powering Our AI." *Fast Company*. September 18, 2018. https://www.fastcompany.com/90237802/the-exploitation-injustice-and-waste-powering-our-ai.

Seseri, Rudina. 2018. "The Problem with 'Explainable AI.'" *Tech Crunch*. June 14, 2018. https://techcrunch.com/2018/06/14/the-problem-with-explainable-ai/?guccounter=1

Searle, John. R. 1980. "Minds, Brains, and Programs." *Behavioral and Brain Sciences* 3, no. 3: 417-457.

Shanahan, Murray. 2015. *The Technological Singularity*. Cambridge, MA: The MIT Press.

Siau, Keng, and Weiyu Wang. 2018. "Building Trust in Artificial Intelligence, Machine Learning, and Robotics." *Cutter Business Technology Journal* 32, no. 2: 46-53.

State Council of China. 2017. "New Generation Artificial Intelligence Development Plan." Translated by Flora Sapio, Weiming Chen, and Adrian Lo. https://flia.org/notice-state-council-issuing-new-generation-artificial-intelligence-development-plan/.

Stoica, Ion. 2017. "A Berkeley View of Systems Challenges for AI." Technical Report No. UCB/EECS-2017-159. http://www2.eecs.berkeley.edu/Pubs/TechRpts/2017/EECS-2017.

Sullins, John. 2006. "When Is a Robot a Moral Agent?" *International Review of Information Ethics* 6: 23-30.

Surur. 2017. "Microsoft Aims to Lie to Their AI to Reduce Sexist Bias." August 25, 2017. https://mspoweruser.com/microsoft-aims-lie-ai-reduce-sexist-bias/.

Suzuki, Yutaka, Lisa Galli, Ayaka Ikeda, Shoji Itakura, and Michiteru Kitazaki. 2015. "Measuring Empathy for Human and Robot Hand Pain Using Electroencephalography." *Scientific Reports* 5, article number 15924. https://www.nature.com/articles/srep15924

Tegmark, Max. 2017. *Life 3.0: Being Human in the Age of Artificial Intelligence.* Allen Lane/Penguin Books.

Turkle, Sherry. 2011. Alone Together: Why We Expect More from Technology and Less from Each Other. New York: Basic Books.

Turner, Jacob. 2019. *Robot Rules: Regulating Artificial Intelligence.* Cham: Palgrave Macmillan.

Universite de Montreal. 2017. "Montreal Declaration Responsible AI." https://www.montrealdeclaration-responsibleai.com/the-declaration.

Vallor, Shannon. 2016. *Technology and the Virtues*. New York: Oxford University Press.

Vigen, Tyler. 2015. *Spurious Correlations*. New York: Hachette Books.

Villani, Cedric. 2018. *For a Meaningful Artificial Intelligence: Towards a French and European Strategy*. Composition of a parliamentary mission from September 8, 2017, to March 8, 2018, and assigned by the Prime Minister of France, Edouard Philippe.

Von Schomberg, Rene, ed. 2011. "Towards Responsible Research and Innovation in the Information and Communication Technologies and Security Technologies Fields." A report from the European Commission Services. Luxembourg: Publications Office of the European Union.

Vu, Mai-Anh T., Tulay Adalı, Demba Ba, Gyorgy Buzsaki, David Carlson, Katherine Heller, et al. 2018. "A Shared Vision for Machine Learning in Neuroscience." Journal of Neuroscience 38, no. 7: 1601-607.

Wachter, Sandra, Brent Mittelstadt, and Luciano Floridi. 2017. "Why a Right to Explanation of Automated Decision-Making Does Not Exist in the General Data Protection Regulation." *International Data Privacy Law*, 2017. http://dx.doi.org/10.2139/ssrn.2903469.

Wallach, Wendell and Colin Allen. 2009. *Moral Machines: Teaching Robots Right from Wrong*. Oxford: Oxford University Press.

Weld, Daniel S. and Gagan Bansal. 2018. "The Challenge of Crafting Intelligible Intelligence." https://arxiv.org/pdf/1803.04263.pdf.

Winfield, Alan F.T. and Marina Jirotka. 2017. "The Case for an Ethical Black Box." In *Towards Autonomous Robotic Systems*, edited by Yang Gao, Saber Fallah, Yaochu Jin, and Constantina Lekakou (proceedings of TAROS 2017, Guildford, UK, July 2017), 262-

273. Cham: Springer.

Winikoff, Michael. 2018. "Towards Trusting Autonomous Systems." In *Engineering Multi-Agent Systems*, edited by Amal El Fallah Seghrouchni, Alessandro Ricci, and Son Trao, 3-20. Cham: Springer.

Yampolskiy, Roman V. 2013. "Artificial Intelligence Safety Engineering: Why Machine Ethics Is a Wrong Approach." In *Philosophy and Theory of Artificial Intelligence* edited by Vincent C. Muller, 289-296. Cham: Springer.

Yeung, Karen. 2018. "A Study of the Implications of Advanced Digital Technologies(Including AI Systems) for the Concept of Responsibility within a Human Rights Framework." A study commissioned for the Council of Europe Committee of experts on human rights dimensions of automated data processing and different forms of artificial intelligence. MSI-AUT(2018)05.

Zimmerman, Jess. 2015. "What If the Mega-Rich Just Want Rocket Ships to Escape the Earth They Destroy?" *Guardian*, September 16, 2015. https://www.theguardian.com/commentisfree/2015/sep/16/mega-rich-rocket-ships-escape-earth.

Zou, James, and Londa Schiebinger. 2018. "Design AI So That It's Fair." *Nature* 559:324-326.

추천 자료

Alpaydin, Ethem. 2016. *Machine Learning*. Cambridge, MA: MIT Press.

Arendt, Hannah. 1958. *The Human Condition*. Chicago: Chicago University Press.

Aristotle. 2002. *Nichomachean Ethics*. Translated by Christopher Rowe, with commentary by Sarah Broadie. Oxford: Oxford University Press.

Boddington, Paula. 2017. *Towards a Code of Ethics for Artificial Intelligence*. Cham: Springer.

Boden, Margaret A. 2016. *AI: Its Nature and Future*. Oxford: Oxford University Press.

Bostrom, Nick. 2014. *Superintelligence*. Oxford: Oxford University Press.

Brynjolfsson, Erik, and Andrew McAfee. 2014. *The Second Machine Age*. New York: W.W. Norton.

Coeckelbergh, Mark. 2012. *Growing Moral Relations: Critique of Moral*

Status Ascription. New York: Palgrave Macmillan.

Crutzen, Paul J. 2006. "The 'Anthropocene.'" In *Earth System Science in the Anthropocene*, edited by Eckart Ehlers and Thomas Krafft, 13-18. Cham: Springer.

Dignum, Virginia, Matteo Baldoni, Cristina Baroglio, Maruiyio Caon, Raja Chatila, Louise Dennis, Gonzalo Genova, et al. 2018. "Ethics by Design: Necessity or Curse?" Association for the Advancement of Artificial Intelligence. http://www.aies-conference.com/2018/contents/papers/main/AIES_2018_paper_68.pdf.

Dreyfus, Hubert L. 1972. *What Computers Can't Do*. New York: Harper & Row.

Floridi, Luciano, Josh Cowls, Monica Beltrametti, Raja Chatila, Patrice Chazerand, Virginia Dignum, Christoph Luetge, Robert Madelin, Ugo Pagallo, Francesca Rossi, Burkhard Schafer, Peggy Valcke, and Effy Vayena. 2018. "AI4People-An Ethical Framework for a Good AI Society: Opportunities, Risks, Principles, and Recommendations." *Minds and Machines* 28, no. 4: 689-707.

Frankish, Keith, and William M. Ramsey, eds. 2014. *The Cambridge Handbook of Artificial Intelligence*. Cambridge: Cambridge University Press.

European Commission AI HLEG (High-Level Expert Group on Artificial Intelligence). 2019. "Ethics Guidelines for Trustworthy AI." April 8, 2019. Brussels: European Commission. https://ec.europa.eu/futurium/en/ai-alliance-consultation/guidelines#Top.

Fry, Hannah. 2018. *Hello World: Being Human in the Age of Algorithms*.

New York and London: W. W. Norton.

Fuchs, Christian. 2014. *Digital Labour and Karl Marx*. New York: Routledge.

Gunkel, David. 2012. *The Machine Question*. Cambridge, MA: MIT Press.

Harari, Yuval Noah. 2015. *Homo Deus: A Brief History of Tomorrow*. London: Hervill Secker.

Haraway, Donna. 1991. "A Cyborg Manifesto: Science, Technology, and Socialist-Feminism in the Late Twentieth Century." In *Simians, Cyborgs and Women: The Reinvention of Nature*, 149-181. New York: Routledge.

IEEE Global Initiative on Ethics of Autonomous and Intelligent Systems. 2017. "Ethically Aligned Design: A Vision for Prioritizing Human Well-being with Autonomous and Intelligent Systems," Version 2. IEEE, 2017. http://standards. Ieee.org/develop/indconn/ec/autonomous_systems.html.

Kelleher, John D. and Brendan Tierney. 2018. *Data Science*. Cambridge, MA: MIT Press.

Nemitz, Paul Friedrich. 2018. "Constitutional Democracy and Technology in the Age of Artificial Intelligence." *Philosophical Transactions of the Royal Society* A 376, no. 2133. https://doi. org/10.1098/rsta.2018.0089

Noble, David F. 1997. *The Religion of Technology*. New York: Penguin Books.

Reijers, Wessel, David Wright, Philip Brey, Karsten Weber, Rowena Rodrigues, Declan O'Sullivan, and Bert Gordijn. 2018. "Methods for Practising Ethics in Research and Innovation: A Literature Review, Critical Analysis and Recommendation." *Science and*

Engineering Ethics 24, no. 5: 1437-1481.

Shelley, Mary. 2017. *Frankenstein*. Annotated edition. Edited by David H. Guston, Ed Finn, and Jason Scott Robert. Cambridge, MA: MIT Press.

Turkle, Sherry. 2011. *Alone Together: Why We Expect More from Technology and Less from Each Other*. New York: Basic Books.

Wallach, Wendell, and Colin Allen. 2009. *Moral Machines: Teaching Robots Right from Wrong*. Oxford: Oxford University Press.

AI 윤리에 대한 모든 것

1판 1쇄 찍음 2023년 8월 16일
1판 1쇄 펴냄 2023년 8월 25일

지은이 마크 코켈버그
옮긴이 신상규, 석기용
펴낸이 김정호

책임편집 임정우
디자인 박진범

펴낸곳 아카넷
출판등록 2000년 1월 24일(제406-2000-000012호)
주소 10881 경기도 파주시 회동길 445-3 2층
전화 031-955-9509(편집) · 031-955-9514(주문)
팩스 031-955-9519
홈페이지 www.acanet.co.kr

© 신상규, 석기용, 2023

ISBN 978-89-5733-883-4 03190